AF198434

Andrea Hohn

Wahre Geschichten

über

Glaube oder Zufall

Die alle Zweifler, Kritiker oder Nicht-
gläubigen zum Nachdenken
anregen sollen

© 2019

Andrea Hohn

Umschlaggestaltung, Andrea Hohn

Verlag und Druck: tredition GmbH, Halenreie 40-44,
22359 Hamburg

ISBN Taschenbuch: 978-3-7482-4434-9
ISBN e-Book: 978-3-7482-5574-1

Bibliografische Information der Deutschen Nationalbibliothek:
Die Deutsche Nationalbibliothek verzeichnet diese Publi-
kation in der Deutschen Nationalbibliografie; detaillierte
bibliografische Daten sind im Internet über http://dnb.d-
nb.de abrufbar.

Danksagung

Für die Motivation dieses kleinen Buches, das Korrekturlesen, sowie der verlegerischen Vorbereitungen, danke ich herzlichst meinen beiden Kindern Conny und Peter.

Einführung

Durch Anregung meiner Familie und Freunde, sehe ich mich berufen, meine bisherigen Erfahrungen mit der unversiegenden Kraft des Glaubens und Vertrauens auf Gott zu veröffentlichen.

Schon als Kind war ich fasziniert von den vielen Wundern Jesu zu seiner Zeit.

Jesus lebte uns vor ca. 2000 Jahren vor, wie wir durch gezielten Glauben an die innere Kraft Gottes, alles erreichen können, was für uns in diesem Erdenleben bestimmt ist. Er sagt in Johannes 14; 12:

„Wahrlich, wahrlich ich sage euch: Wer an mich glaubt, der wird auch die Werke tun, die ich tue, und wird größere als diese tun, weil ich zum Vater gehe!"

Ob wir nun positiv oder negativ denken, sicher ist, wir denken immer zu! Es ist längst wissenschaftlich bewiesen, dass Gedanken Kräfte sind, also Energien, die wir permanent ausstrahlen – und Energien gehen nie verloren.

Pierre Franckh schreibt in seinem Buch „Das Gesetz der Resonanz", 2. Auflage, Seite 26, 2009, Koha Verlag:

„Wie groß die ausgesandte Energie ist, haben Untersuchungen des Heart Math Institutes gezeigt.

- Die elektrische Kraft des Herzsignals (EKG) ist bis zu 60-mal stärker als das elektrische Signal des Gehirns (EEG).
- Das magnetische Feld des Herzens ist sogar 5000-mal stärker als das des Gehirns."

Deshalb heißt es nicht vergeblich, mit dem Gehirn denken wir, und mit dem Herzen, was der eigentliche Sitz der Seele ist, glauben wir. Wir müssen also von Herzen glauben. Wir sind sozusagen vergleichbar wie Sender, und das, was wir aussenden wird irgendwann in der Realität manifestiert als Resultat. Es liegt also an jedem selbst, in welche Richtung er seine Gedanken lenkt, ob positiv oder negativ, so formt er sein Schicksal.

Jesus sagt uns sehr viel in Gleichnissen dazu, um unseren Glauben zu stärken und lebte es in der Praxis sehr oft vor. Er sagt in Matthäus 9; 29: „Euch geschehe nach eurem Glauben!", in Markus 11; 23: „Der Glaube kann Berge versetzen...", in Hebräer 11; 1: „Der Glaube aber ist eine standhafte Zuversicht dessen, was man erwartet, ein Überführtsein von Tatsachen, die man nicht erblickt", in Matthäus 9; 22: „...dein Glaube hat dich geheilt...", in Matthäus 17; 20: „Wenn ihr Glaube habt wie ein Senfkorn..." usw., um nur Einiges zu erwähnen.

So sollen die nachfolgenden Geschichten in diesem kleinen Buch, die aus wahrheitsgemäßen, eigenen Erfahrungen, sowie aus denen meiner Familie stammen, möglichst viele Zweifler, Kritiker oder Ungläubige zum Nachdenken und Glauben anregen.

Woher kommt diese Kraft?

Lange habe ich überlegt, ob ich meine wunderbaren Erfahrungen mit Gott veröffentlichen soll, wo es doch schon massenhaft viele Bücher vom Glauben, oder schlicht positiven Denken auf dem Markt gibt.

Zum einen hat mich, wie in der Einführung schon erwähnt, meine Familie dazu animiert, und zum anderen bin ich ein sehr dankbarer Mensch. Dankbar gegenüber Gott, durch den ich, sowie meine Familie, sehr viel Hilfe in der Not, Wunderheilungen oder übernatürlichen Schutz erfahren durften.

Viele Menschen tragen einen Glauben in sich. Die eine sprechen schlicht und einfach von positivem Denken, und andere sprechen von der Kraft Gottes, die in uns wirkt. Nun stellt sich die Frage: Woher kommt diese innere Kraft wirklich, die jegliche Veränderungen bewirkt? Als Jesus vor ca. 2000 Jahren hier auf Erden viele Wunder vollbrachte, predigte er auch darüber, dass wir nichts von uns aus können. Die Kraft kommt vom himmlischen Vater, der uns den heiligen Geist als Beistand und Tröster gegeben hat. Johannes 5; 30-32: „Ich kann nichts von mir selbst aus tun..."

Jesus ist gekommen und gestorben für unsere Sünden. Wir sind dadurch reingewaschen, alle die ihm nachfolgen. In Johannes 14; 6 sagt er: „Ich bin der Weg und die Wahrheit und das Leben, niemand kommt zum Vater denn durch mich!"

Das heißt klar und deutlich, dass die geistige Kraft vom himmlischen Vater allein kommt und der einzelne Mensch nichts von sich aus bewirken kann. Jesus ist sozusagen der Vermittler zwischen uns und dem himmlischen Vater, durch den wir mit dem heiligen Geist verbunden sind.

Natürlich haben aber nun doch viele Menschen zweifellos durch positives Denken, wie sie meinen, ebenfalls Erfolge. Doch sie wissen nicht, dass diese Kraft nur von Gott allein kommt.

Dazu fällt mir ein kleiner passender Spruch ein.

„Viele Menschen arbeiten im Auftrag Gottes – und viele ohne es zu wissen!"

Wie kam ich zum Glauben

Der Auslöser für meinen Glauben liegt weit in meiner Kindheit.

Ich wuchs in einem kleinen Dorf von ca. 2000 Einwohnern in der ehemaligen DDR, einem atheistischen Staat, auf. Schon in Kindergarten und Schule, wurde uns über Politik und Sozialismus eine Gehirnwäsche verabreicht.

Religion wurde sehr verpönt und von den meisten verspottet. Daher gab es Religion nicht wie heute an den Schulen als Pflichtfach, sondern als freiwillige Christenlehre, die von einer Katechistin privat unterrichtet wurde, für die wenigen Kinder gläubiger Familien.

Auch heute noch zählt laut Statistik Ostdeutschland zu dem gottlosesten Land der Welt, was sich leider traurigerweise auch nach dem Mauerfall nicht geändert hat.

Der Grundstein für meinen Glauben, wurde schon in meiner frühesten Kindheit durch meine Mutter gelegt, die es deshalb sehr wertschätzte, dass meine Schwester und ich diesen Religionsunterricht besuchen. Da aber, wie schon gesagt, dieser Unterricht freiwillig war, kam es schon einmal vor, dass meine Freunde und ich vor Abwesenheit glänzten, weil wir meinten, andere Dinge sind momentan erst einmal wichtiger als Gott und dachten, Gott ist ja schließlich überall.

Im Laufe der Jahre wurde ich mehr oder weniger mit Problemen konfrontiert, so dass ich mich stets auf die Hilfe Gottes besann, und so meine ersten Glaubenserfahrungen machen durfte. Mit vielen Fragen, die mich immer wieder brennend interessierten, wer, wo, wie oder was Gott ist, begann eine jahrelange Suche durch Bücher, verschiedene Religionen, oder weise Menschen, die mir in diesem Leben begegnet sind. In Lukas 11; 9 heißt es: „…und ich sage euch: Bittet, so wird euch gegeben, suchet, so werdet ihr finden, klopfet an, so wird euch aufgetan!" Und das nahm ich oft wörtlich!

Kleine Geschichte von Pfarrer Johannes Bolte

So kam ich durch eine kaum heilbare Krankheit meiner beiden älteren Kinder an den ev. Pfarrer Johannes Bolte, der einst nicht weit von meinem Heimatort in Hemleben/Thüringen lebte. Dieser Pfarrer hatte nicht nur die Begabung zu predigen, sondern er war weit und breit bekannt als begnadeter Heiler. Er studierte Theologie, Heilmagnetismus, sowie Geisteswissenschaft.

Vielen Menschen mit ernsten, bösen oder gar unheilbaren Krankheiten, die oft von Ärzten aufgegeben wurden, konnte er durch Gottes Hilfe noch helfen, so auch meinen beiden Kindern. Dazu später mehr!

Da zu seiner Zeit, so um 1950 -70, nicht jeder ein Auto besaß, waren viele auf Zug- und Busverbindungen angewiesen, die aber leider immer noch weit entfernt von dem kleinem Dorf Hemleben waren. Viele Kranke nahmen selbst in den Wintermonaten weite Wegstrecken zu Fuß auf sich oder es fanden ganze Wallfahrten mit Bussen statt, um von ihm geheilt zu werden. Auch zu Tieren wurde er oft gerufen oder man kam gleich mal mit dem kranken Pferd vorbei. Natürlich hatte der Neid der Ärzte in der Umgebung auf die großen Heilerfolge des Pfarrers erhebliche Folgen, denn so wie die Warteräume bei ihm oft überfüllt waren, blieben sie dementsprechend bei den Ärzten mager.

Da er keine Zulassung als Heilpraktiker vorweisen konnte, bekam er schließlich Heilverbot. Als ein Heilberufener konnte er sich dies natürlich nicht verbieten lassen und heilte inoffiziell durch Segensgebete in den überfüllten Gottesdiensten oder im stillen Kämmerlein, wo sich die Kranken nun Zugang durch den Hintereingang seines Hauses verschaffen mussten. Seine illegalen Heilungen, blieben in diesem atheistischen Staat natürlich nicht verborgen, denn man bespitzelte ihn nicht nur um sein Haus, sondern auch durch Wanzen in seiner Kirche. Es wurden ihm schließlich zwei Prozesse vor Gericht gemacht und er wurde zu 2 Jahren und 6 Monaten Gefängnis verurteilt, die er auch abgesessen hatte.

Ja, da fragt man sich schon, was war hier das Verbrechen? Weil er Kranke geheilt hat oder weil er eher Konkurrenz der Ärzte war?

Nach seiner Haft beantragte er die Ausreise nach Westdeutschland und lebte und heilte, auch an Hand von Bildern, bis zu seinem Tod im Jahr 1991. Er hielt in größeren Städten Vorträge, wo selbst Ärzte, Heilpraktiker oder Jogalehrer mit großem Interesse teilnahmen.

Ich hatte selbst noch bis zu seinem Tod jahrelangen, brieflichen Kontakt zu ihm. Sein großes Heilwissen über Heilmagnetismus oder die vielfältigen Gebiete über Jenseitswissenschaft gab er einigen gleichfalls Berufenen weiter und veröffentlichte sein Wissen in einer erheblichen Anzahl von Büchern, die auch in meinem Bücherschrank zur Hauptlektüre zählen.

Nach seinem Tod machte ich die Bekanntschaft mit einer seiner engsten Vertrauten, Frau Johanna Toepler! Auch diese Frau hat meine Familie und mich durch das übernommene Wissen, sowie Heilbegabung noch über 10 Jahre bis zu ihrem Ableben begleitet. Sie war mir und meiner Familie ein großer Segen und Bereicherung.

Es gibt gewiss zweifellos noch viele Berufene Gottes. Bis heute kann von all jenen, die mir persönlich danach als Heiler begegnet sind, mit dieser uneigennützige Liebe, sowie diesem geistige Wissen, nur sehr selten jemand auf seiner Stufe stehen.

Leider sind nicht alle, die sich heute offiziell Heiler nennen, von Gott berufen. Auch diese Erfahrung durfte ich schon machen! Davor warnt Jesus in 1 Johannes 4; 1: „Ihr Lieben, glaubet nicht jeglichem Geist, sondern prüfet die Geister, ob sie von Gott sind, denn es sind viele falsche Propheten ausgegangen in die Welt."

Nun, woran erkennen wir einen seriösen Heiler?

Jesus sagt auch da wieder in Matthäus 12; 33 -37:

„...an ihren Früchten werd ihr sie erkennen...."

Nach meinen Erfahrungen hat Pfarrer Johannes Bolte, sowie Frau Johanna Toepler, nicht nur mehr als 100-fach Früchte getragen, sie waren auch mir persönlich die besten Lehrmeister, und dies alles unentgeldlich nicht nur für mich, sondern auch für jeden anderen Hilfesuchenden! So auch schon Jesus in Matthäus 10,8 sagte: „Umsonst habt ihr es bekommen und umsonst sollt ihr es geben; steckt nicht Gold, Silber und Kupfermünzen in euren Gürtel!"

Damit ist natürlich die Gabe zum Heilen gemeint.

Man darf also freiwillige Spenden annehmen, doch niemals für seine Dienste an den Hilfesuchenden etwas verlangen. Es gibt auch heute noch viele sogenannte Heiler, die diese Gabe haben, und sie leider aber finanziell und unverschämt am Hilfesuchenden ausnutzen, um sich zu bereichern. Der

Kranke ist somit doppelt gestraft, einmal mit seiner Krankheit und zum anderen, dass er für seine Heilung oft noch unverschämt zahlen muss. Diese zählt die Bibel ebenfalls zu den Heiden und falschen Propheten, vor denen man sich ernsthaft hüten sollte. Leider werden sie nicht wissentlich, diese Gabe früher oder später wieder verlieren.

Warum sich manche Gebete nicht erfüllen

Jeder Mensch hat in diesem Leben eine Aufgabe zu erfüllen. Das kann in der Familie, in einer Ehe, im Freunden- oder Bekanntenkreis, beruflich oder weltanschauungsmäßig sein. Die Palette ließe sich noch endlos weiter aufzählen und ist daher sehr unterschiedlich und von jedem Einzelnen zu unterscheiden.

Für diese Aufgabe haben wir jeder Zeit den Segen Gottes, um sie erfolgreich zu erfüllen.

Doch immer wieder hört man, dass oft Glaubensgebete, oder positive Wünsche einiger gläubigen Menschen sich nicht immer so erfüllen, wie in den vielen angebotenen Lektüren vom positiven Denken. Nach meinen Erfahrungen und Recherchen kommen hier einige Möglichkeiten in Betracht. Zum einen fehlt oft die Ausdauer, Geduld oder der felsenfeste Glaube, so wie Jesus uns im Gleichnis vom Sämann deutlich macht. So auch in Matthäus 13; 3 - 9: „Siehe, der Sämann ging hinaus zu säen; und indem er säte, fiel einiges an den Weg, und die Vögel kamen und fraßen es auf. Anderes aber fiel auf das Steinige, wo es nicht viel Erde hatte; und sogleich ging es auf, weil es nicht tiefe Erde hatte. Als aber die Sonne aufging, wurde es verbrannt, und weil es keine Wurzel hatte, verdorrte es. Anderes aber fiel unter die Dornen; und die Dornen sprossen auf und erstickten es. Anderes aber fiel auf die gute Erde und gab Frucht: das eine hundert-, das andere sechzig-, das andere dreißigfach. Wer Ohren hat, der höre!"

Da viele Menschen seine Gleichnisse auch in der damaligen Zeit schon nicht wirklich verstanden, erklärte Jesus sie in Matthäus 13; 18 – 23 sehr deutlich!

Hört nun ihr das Gleichnis vom Sämann: „Sooft jemand das Wort vom Reich hört und nicht versteht, kommt der Böse und reißt weg, was in sein Herz gesät war; dieser ist es, bei dem an den Weg gesät ist.

Bei dem aber auf Steinige gesät ist, dieser ist es, der das Wort hört und es sogleich mit Freuden aufnimmt, er hat aber keine Wurzeln in sich, sondern ist nur ein Mensch des Augenblicks; und wenn Bedrängnis entsteht oder Verfolgung um des Wortes willen, nimmt er sogleich Anstoß.

Bei dem aber unter die Dornen gesät ist, dieser ist es, der das Wort hört, und die Sorge der Zeit und der Betrug des Reichtums ersticken das Wort, und er bringt keine Frucht.

Bei dem aber auf die gute Erde gesät ist, dieser ist es, der das Wort hört und versteht, der wirklich

Frucht bringt; und der eine trägt hundert-, der andere sechzig-, der andere dreißigfach."

Dies ist hier nun sehr sinnbildlich erklärt, dass oft viele Menschen nicht stabil oder fest im Glauben sind. Sie lassen sich durch Freunde, Familien, sämtliche Einflüsse der Medien und Weltgeschehnisse ablenken, verführen oder verunsichern.

Warum nicht alle erfüllten Gebete uns gut tun

Zum anderen gibt es wiederum Gebetserfüllungen, die nicht auf Dauer glücklich machen. Das können Wünsche sein, die nicht von Gott für uns gedacht sind, also nicht zu unserer Aufgabe hier auf Erden zählen. So zum Beispiel, wenn sich jemand sehr verliebt hat und diesen Partner unbedingt haben muss, der aber nicht für ihn bestimmt war. Da ist es auch schon vorgekommen, dass durch anhaltendes Gebet der Wunsch erfüllt wurde, es sogar zur Ehe kam, Kindern oder gar einem Haus. Nach einiger Zeit merkt man nun, dass es der völlig falsche Partner ist, dass keine Gemeinsamkeiten vorhanden sind, und die Liebe dadurch nun schnell wieder erloschen ist. Nun sitzt man ziemlich fest in dieser Situation und muss unter schwierigen Umständen, die ja in solchen Fällen nicht zu vermeiden sind, alles wieder auflösen oder die andere Alternative wäre, dass die Ehe über Jahre katastrophal und unglücklich verläuft. Oder, wenn der Arzt oder Bauer usw., seinen Nachwuchs, um die alte Familientradition weiter zu pflegen, erwartet, dass man die Praxis oder den Bauernhof übernimmt. Auch das kann nicht immer Glück bringen, denn jeder Mensch hat unterschiedliche Talente oder Fähigkeiten mit in diese Welt gebracht, die oft in eine ganz andere Richtung gehen, als von den Eltern erwartet.

Dies sollten nur einige Beispiele sein, um zu veranschaulichen, warum nicht alles glücklich macht, was wir unbedingt wollen. Im Vaterunser beten wir schließlich unter anderem: „... dein Wille geschehe, so wie im Himmel, also auch auf Erden...!" Es ist nicht alles für uns vorbestimmt, was wir uns so manches Mal wünschen, aber Gott gab dem Menschen einen freien Willen, und so darf jeder selbst entscheiden, in welche Richtung er gehen möchte.

Ratsam wären hier vor jeder ernsthaften Entscheidung im Leben, seine Intuition zuerst zu Worte kommen zu lassen. Aber leider ist diese bei den meisten Menschen durch die viele bequeme Technik, Medien, hochmoderne Umwelt, Stress und Unglaube in der heutigen schnelllebigen Zeit längst verloren gegangen.

Nicht für umsonst heißt es bei den Tieren, „die Ratten verließen das sinkende Schiff!" Tiere spüren oft voraus, wenn eine Gefahr lauert, also was ihnen gut tut oder nicht. Doch auch uns hat Gott diese Intuition mitgegeben, wir sollten uns nur öfter in die Ruhe begeben, um sie wieder zu erwecken.

Eigene Glaubenserfahrungen

Meine ersten Glaubenserfahrungen im Sport

Da ich in meiner Schulzeit sehr aktiv im Sport war, zählte dieses Fach natürlich zu meinen Lieblingsfächern. Alles, was an sportlichen Aktivitäten angeboten wurde, wie Leichtathletik oder Handball, war ich meist dabei. Einmal im Jahr fanden an unserer Schule die üblichen Sportolympiaden statt. Jede Jahrgangsstufe musste Disziplinen, wie Schnellstreckenlauf, Weitsprung, Kugel- und Speerwerfen, Hochsprung usw. durchlaufen, so wie man das heute noch kennt. Nach der Olympiade wurden in einem Apell die ersten drei besten Plätze jeweils beurkundet. Ich hatte einen sehr guten Sportlehrer, der gleichzeitig auch mein Trainer in Leichtathletik war. Er förderte mich nicht nur, sondern er glaubte auch an meine Höchstleistungen in fast allen Disziplinen, die ich so gut wie alle mit den ersten Plätzen belegte. Beim Hochsprung brach ich nicht nur eines

Tages den Rekord von meiner Jahrgangsstufe, sondern durch das Anfeuern und den Glaube meines Trainers an mich wie: „Los, du schaffst das schon", sowie meinem eigenen Glauben, brach ich schließlich auch den Rekord der nächsthöheren Klassenstufe, wodurch ich anschließend in der Bezirksmeisterschaft landete.

Dieses Beispiel hier ist keine Ausnahme. Viele Spitzensportler aus der ganzen Welt bezeugen oft in Interviews oder Reportagen, dass sie meist vor den Festspielen oder Olympiaden, zu Gott beten und fest an ihren Erfolg glauben.

Können nun solche Erfolge Zufall sein oder hängt alles doch von unserem Glauben ab?

Drei Unfälle in einem Jahr

Vor über 20 Jahren kauften wir uns ein fast neues Auto.

Es war ein Vorführwagen aus erster Hand. Für meinen Mann erfüllte sich ein lang ersehnter Wunsch. Es wurde inoffiziell wohl fast sein Heiligtum, denn da ich die meiste Zeit damit fuhr, lief er schließlich zum Feierabend erst einmal so zwei, drei Runden um das Auto, ob auch ja kein Kratzer oder gar eine Beule irgendwo zu sehen ist. Man konnte da schon mal berechtigt eifersüchtig werden und sich fragen, „mit wem er hier eigentlich verheiratet ist?"

Fast täglich bekam ich nun Belehrungen, wie zum Beispiel: „Fahr nicht so schnell, oder pass beim Parken auf, vergiss die Handbremse nicht anzuziehen, sei hier und dort vorsichtig", usw.! Irgendwann überkam mich dann durch seine große Angst, dem Auto könnte ja etwas passieren, eine ziemliche Unsicherheit. Als ich mich nun dabei erwischte, wie mein Selbstvertrauen schwand, erinnerte ich mich an meinen Glauben und erstickte diese Angst sogleich wieder im Keim. Jedes Mal, wenn ich jetzt mit dem Auto fahren musste oder ich nur an dieses Heiligtum dachte, betete ich intensiv und sagte mir immerzu: „Ich werde weder einen Kratzer, noch eine Beule oder gar einen Unfall mit dem Auto verursachen!" Ich hatte nun meinen absoluten Glauben, sowie Selbstvertrauen zurück und fühlte mich so wieder sicher. Aber plötzlich kam nun doch mein erster Unfall. Auf einer kurvigen Straße, die ein sehr starkes Gefälle hatte, kam mir ein Auto mit rasantem Tempo entgegen. Er schnitt die Kurve und rammte mir dabei meinen linken Kotflügel und Scheinwerfer. Ich verstand jetzt erstmal gar nicht, warum mir so etwas passiert ist, ich hatte doch immer gebetet!

Noch nicht erholt von dem Schock, hatte ich einige Wochen später schon gleich den zweiten Unfall. Auf einer geraden Straße war wohl eine Touristin von unserer schönen Gegend hier im Allgäu so fasziniert, dass sie mir prompt in mein schönes Hinterteil vom Auto knallte. Na toll, dachte ich! Das gibt aber nun ernsthaft Ärger zu Hause. Ich kam selbstverständlich nicht drum herum, mich vor meinem Mann wie ein Rechtsanwalt zu verteidigen. Als der

Wind zum zweiten Mal fast erfolgreich aus den Segeln war, sprach ich noch einmal ernsthaft mit Gott. Ich verstand nicht, was ich verkehrt mache mit meinem Glauben, zu bitten, dass ich doch keinen Unfall verursachen möge, aber trotzdem knallt es gleich zwei Mal hintereinander. Nun, da ich ja nicht so schnell aufgebe, startete ich von Neuem mit meinen alten Gebeten. Diesmal ging das auch eine ganze Weile gut, doch das Jahr war ja noch nicht vorbei und es schepperte zum dritten Mal. Ich war mit meiner Tochter auf einer sehr übersichtlichen Straße auf dem Heimweg. Vor uns fuhr wieder einmal ein Tourist. An einer Kreuzung mit zwei Nebenstraßen, nach rechts und links, blinkte er rechts, so dass man sicher sein konnte, dass er auch nach rechts abfahren würde. Daraufhin blinkte ich links, um ihn zu überholen, aber leider fuhr er statt nach rechts, so wie sein Blinker ansagte, nach links und kollidierte mit meiner rechten Beifahrerseite, wodurch nun eine sehr sichtbare Beule in meiner Beifahrertür leider nicht zu übersehen war. Ich fing ernsthaft über meine Gebete nachzudenken und es fiel mir dabei wie Schuppen von den Augen. Eigentlich hat Gott meine Gebete aufs Wort genau erhört. Ich habe ja schließlich keinen einzigen Kratzer, Beule oder Autounfall verursacht, denn mir ist jedes Mal entweder vorn, hinten oder zur Seite jemand reingefahren.

Wir sollten also genau den Wortlaut überlegen, was wir erbitten. Ich bat jedes Mal nur darum, dass ich keinen Schaden verursachen möge mit dem Auto, was ja auch vollkommen erhört wurde, denn ich war bei allen drei Unfällen tatsächlich nicht der Verursacher.

Das richtige Gebet, um jeglichen Schaden zu vermeiden, wäre ein Schutzgebet für alle Beteiligten im Straßenverkehr, so dass es auch keinen anderen Unfallverursacher gibt.

Es kann jeder selbst für sich entscheiden, ob diese drei Unfälle, so wie beschrieben, Zufälle waren oder, ob ich sie angezogen habe durch meine Angstenergien und die meines Mannes, was aber hier noch-

mals differenziert werden muss, da ich selbst tatsächlich nicht einen einzigen Kratzer verursacht
habe, so wie ich eben gebetet hatte.

In die Angst werden ebenso Energien projiziert, wie
in den positiven Glauben. Es kommt immer darauf
an in welcher Richtung wir unsere Energien ver-
stärkt ausrichten, denn nur dort wird sie sich
unausweichlich manifestieren.

Seitdem stell ich nicht nur mich selbst unter Schutz
vor jeder Fahrt, sondern auch all jene, die mir auf
der Straße begegnen (auch für Tiere) und hatte seit
20 Jahren keinen Unfall mehr.

Wundersame Reparatur

Durch unsere drei Kinder, die zusehends schnell
heran wuchsen, mussten wir uns ein dementsprechend größeres Auto zulegen. Wir kauften uns also
einen fast neuen Opel Omega, der für eine Großfa-

milie ideal schien. Wir hatten dieses Auto noch kein halbes Jahr, als ständig eine Motorkontrollleuchte vom Steuergerät Alam anzeigte. Anfangs leuchtete sie nur ab und zu auf, ging aber immer wieder aus. Innerhalb von Wochen leuchtete sie immer mehr, bis sie irgendwann dauerhaft brannte. Schließlich ließ ich diesen Schaden in einer Autowerkstatt überprüfen, wo man mir erklärte, dass das Steuergerät vom Motor absolut defekt wäre und es ratsam ist, es sofort gegen ein Neues auszuwechseln.

Zu dieser Zeit muss ich hier erwähnen, hatten wir gerade einen Neustart von Thüringen ins Allgäu mit drei Kindern hinter uns, was noch kein halbes Jahr zurück lag. Das war natürlich alles nicht so einfach, da wir Haus, Möbel usw. alles in der Heimat zurückgelassen hatten und sozusagen mit Nichts hier ganz von vorne anfingen, dementsprechend kamen solche Autorechnungen sehr ungelegen. Ich überlegte nicht lange und machte es, wie ich es immer schon getan hatte in schwierigen Situationen – ich betete zu Gott! Da ich wusste, dass für Gott „nichts unmöglich ist" (Lukas 1:37), vertraute ich mich ihm auch in diesem Fall an. Also betete ich nun für unser Auto, dass uns diese Rechnung für die Reparatur erspart bliebe. Schon nach kurzer Zeit ging diese Kontroll-lampe im ständigen Wechsel immer öfter wieder aus, leuchtete ab und zu nur noch einmal auf, so wie das Malheur eigentlich angefangen hatte, nur um-gedreht. Ich betete also weiter und zum Erstaunen aller Familienmitglieder blieb dieses kleine Lämp-chen schließlich irgendwann ganz aus. Der Motor summte noch ca. ein halbes Jahr wie eine Biene oh-ne Probleme, bis wir dieses Auto leider wieder ver-kaufen mussten, da wir durch einen neuen Fami-lienzuwachs, einer Bernersennenhündin, ein nun noch größeres Auto brauchten.

Ob dies nun eine reine Gebetserhörung war oder ein Zufall, dass die Kontrollleuchte für das Steuergerät absolut keinen Defekt mehr anzeigte, darf auch hier jeder für sich selbst entscheiden. Für mich war es auf keinen Fall ein Zufall.

Und darum dankte ich Gott schon wieder einmal für diese wundersame Reparatur!

Ein traumhaftes Wohnungsangebot

Aus beruflichen Gründen wechselten meine Familie und ich vor vielen Jahren den Wohnort ins Allgäu (nähe Bodensee). Dadurch kam nun erst einmal ein schwieriger Neuanfang auf uns zu.

Alles musste nun total neu organisiert werden, wie Kindergarten, Schule, Arbeitsstellen, Wohnung und sämtliche Neuanschaffungen. Mein Mann bekam sofort ein Arbeitsangebot in einer Baustofffirma, sowie gleichzeitig eine kleine 2-Zimmer-Betriebswohnung mit ca. 60 m² Wohnfläche. Wie man sich denken kann, war dies erst einmal für uns Fünf eine sehr große Umstellung, da wir in unserer Heimat ein eigenes Haus mit ausreichend Platz für alle zurückließen. Unsere drei Kinder schliefen nun zusammen in einem Schlafzimmer und mein Mann und ich im gemeinsamen Wohnzimmer auf der Couch. Diese kleine Wohnung war natürlich nur als vorübergehendes Sprungbrett gedacht, bis wir ja sicher bald schon in eine größere Wohnung einziehen könnten! So dachten wir! Also richteten wir uns vorrübergehend so gemütlich wie nur möglich ein.

Nun suchten wir intensiv durch Zeitung und Bekannte nach einer größeren Wohnung, doch leider immer ohne Erfolg. Eines Tages luden Verwandte uns in ein kleines Allgäuer Gaststübchen zum Essen ein. Es lag in einem landschaftlich sehr schön gelegenen Kurort.

Von keinem anderen Ort in der ganzen Umgebung war ich so fasziniert, als wie von diesem. Von dort aus war es nicht weit zur österreichischen Grenze, sowie nach Lindau oder Bregenz am Bodensee. Zweifellos war diese Landschaft mit Blick auf die Vorarlberger und Schweizer Berge ein malerischer Anblick. Ich verliebte mich sofort in diesen kleinen Kurort und bat Gott, „doch hier wohnen zu dürften, es wäre doch echt ein Traum!"

In der nächsten Zeit suchten wir weiter vergeblich nach einer größeren Wohnung in der gesamten Umgebung.

Diese kleine beengte Wohnung, in der wir derzeit immer noch wohnten, wurde schließlich mehr und mehr zur Bürde für uns alle. Wir ertappten uns immer öfter bei dem Gedanken zurück in unser Haus nach Thüringen zu gehen, da wir dort einfach viel mehr Platz und Freiraum hatten.

Diesen gedanklichen Rückzug in die alte Heimat bekam auch die Seniorchefin meines Mannes bald zu Ohren. Durch seine Zuverlässigkeit in der Firma, bot sie ihre Mithilfe bei unserer Wohnungssuche an, um ihn nicht in der Firma wieder entbehren zu müssen.

Schon nach kurzer Zeit bekamen wir durch diese nette Dame ein fantastisches Wohnungsangebot, von einer Doppelhaushälfte mit 120 m² Wohnfläche, in genau dem Kurort, in den ich mich von Anfang an verliebt hatte. Selbstverständlich hatten wir nicht im Geringsten ihr gegenüber unsere Vorliebe für diesen Ort erwähnt. Sie hatte davon absolut keine Ahnung. Schon vor dem ersten Besichtigungstermin sagten wir einem festen Mietsvertrag zu, denn ich wusste, dass das genau der Ort war, in dem ich mir wünschte zu wohnen. In diesem Mietshaus lebten wir sieben Jahre, bis wir uns ein eigenes Haus, natürlich in demselben Ort kauften. Insgesamt lebten wir dort fast 26 Jahre und fühlten uns alle sehr wohl. So hat sich wieder einmal ein Wunsch erfüllt, um den ich Gott bat, was man auch hier sichtlich nicht als Zufall interpretieren kann.

Lindenau im Allgäu

Eine Katze rettet Schulnote

Keines unserer drei Kinder war ein so begeistertes Schulkind, wie unsere Tochter. Schon ihren ersten Schultag konnte sie kaum erwarten. Selbst die Ferien kamen ihr manchmal zu lang vor, was kaum einer ihrer Brüder oder Freunde begreifen konnte. Dementsprechend sahen auch ihre sehr guten Schulnoten aus, die sie sich durch ihren Ehrgeiz zu Recht verdiente.

Doch eines Tages kam sie entsetzt von der Schule nach Hause. Als ich nachfragte was passiert sei, erklärte sie, dass sie es aus Zeitmangel nicht geschafft hätte einen Aufsatz fertig zu schreiben. Dadurch würde sie natürlich nicht die gute Note erhalten, die sie erwarten würde.

Da nun unsere Kinder schon sehr früh mit dem Glauben und Vertrauen zu Gott ihre positiven Erfahrungen machen durften, nutzte sie nun die Möglichkeit zu retten, was noch zu retten ist, und zwar durch ein ernsthaftes Gebet.

Also ging sie abends zu Bett und bat Gott, er möge doch bitte ein Wunder mit ihrem Aufsatz geschehen lassen.

Tage später kam sie prompt sehr überglücklich nach Hause und erzählte mit Begeisterung eine aufregende Geschichte, was doch ihrem Lehrer für ein großes Missgeschick mit ihrem Aufsatzheft passiert wäre. Beim Korrigieren der Aufsätze zu Hause, wäre ihm durch eine Unachtsamkeit entgangen, dass seine Katze ausgerechnet das Aufsatzheft meiner Tochter bis zur Unkenntlichkeit zerfetzt hatte. Da es dadurch nicht möglich war diese Arbeit zu benoten, bat er sie netterweise, ihn noch einmal neu zu schreiben.

Unsere Tochter dankte Gott und schrieb den Aufsatz noch einmal neu. Dadurch bekam sie am Ende, dank der Katze, die wohl sicherlich Gott vorbei geschickt hatte, genau die Note, die sie erwartet hatte.

Es war einfach nur unfassbar, dass die Katze ausgerechnet dieses Aufsatzheft meiner Tochter zerfetzt hat und kein beliebig anderes ihrer Mitschüler.

Auch dies kann wohl kaum ein Zufall sein?

Traumauto

Seit einigen Jahren sind wir, mein Mann und ich, begeisterte Opel Calibra Fans. Ich erinnere mich noch sehr genau an meine erste Begegnung mit diesem Typ Auto.

Da unsere drei Kinder so langsam erwachsen wurden und nach und nach aus dem Haus gingen, beschlossen wir uns ein kleineres Auto zuzulegen, da wir nun nur noch zu zweit waren.

Ich hatte keine bestimmte Vorstellung, was für ein Typ es sein sollte, Hauptsache es ist etwas sportlich.

Also zog ich eines Tages los, um sämtlichen Autohäusern einen Besuch abzustatten, mit der Hoffnung irgendwo fündig zu werden.

Meine Suche endete prompt schon im ersten Autohaus, denn dort sah ich meinen ersten schwarzen Calibra. Ich war total fasziniert von diesem sportlich-schicken Auto. Natürlich kauften wir ihn sofort, denn auch bei meinem Mann blieb die Begeisterung nicht aus. Seitdem fahren wir seit vielen Jahren diesen schneidigen Autotyp.

Da der Calibra zu eines der älteren Semester vom Baujahr her gehört, hat er trotz Pflege in den hiesigen Witterungsverhältnissen im Allgäu mit viel Schnee, keine also lange Lebenserwartung. Dementsprechend hatten wir auch so einige Wechsel mit den unterschiedlichsten Farben.

Als nun wieder einmal einer der Calibras so langsam seine Altersbeschwerden bekam, bereitete ich mich gedanklich auf einen Neuen vor.

Ich wünschte mir schon immer einen weißen Cali und bat, wie so oft Gott, mir doch bei der Suche zu helfen.

Nach einigen Fehlschlägen und Enttäuschungen der Angebote auf dem Markt, wurde ich aber nun doch sehr belohnt. Mein ältester Sohn fand über die Medien einen superschicken, sehr gepflegten, sowie sportlich getunten, schneeweißen Calibra. Dieses

Auto war weit aus schicker, als ich es mir vorgestellt hatte. Es war einfach kurz gesagt „ein Traumauto", ein Hinkucker für Calibrafans.

Dank dem hadwerklich- und mechanischem Geschick meines Mannes, ist es uns möglich dieses Hobby seit einigen Jahren zu pflegen.

Am Ende danke ich auch hier Gott wieder einmal, der mir bei der Suche nach diesem Traumauto, was ich noch viele Jahre fahren durfte, ganz sicher die Richtung wies.

Mein Traumauto

Ein sicheres Zeichen durch göttliche Führung

Eines Tages fiel mir eine Zeitungsannonce auf, wo eine Dame ihr Geschäft mit sämtlichem Inventar gedachte aufzulösen, natürlich für eine angemessene Ablösesumme.

Zu dieser Zeit dachte ich an eine Selbstständigkeit, wobei ich jedoch unsicher war, ob dies die richtige Richtung für mich sei. Ich überlegte nicht lange und machte telefonisch einen Termin, um nähere Details zu erfahren. Zusammen mit meinem Mann fuhren wir zu dieser Dame, wo wir sehr freundlich empfangen wurden. Wie immer bat ich vorher gedanklich Gott um ein kleines Zeichen, ob dieses Geschäft für mich sinnvoll wäre.

Nachdem wir in alle geschäftlichen, sowie finanziellen Notwendigkeiten für eine Geschäftsübernahme von dieser Dame eingewiesen wurden, kam es allerdings vor dem Abschlussgespräch zu einer unerklärlichen Begebenheit. Plötzlich vernahmen wir in dieser Wohnung intensive Gerüche, als ob in einem Zimmer ein Kabel schmort oder sogar brennt. Mein Mann und ich schauten uns verwundert an. Doch auch dieser Dame entging der penetrante Geruch nicht und schaute deshalb sofort in allen Zimmern ihrer Wohnung nach, ob evtl. ein Kabel schmort oder sie sonst etwas vergessen hatte abzustellen. Es war sehr merkwürdig, da sie nichts Derartiges entdecken konnte. Wir untersuchten nun gemeinsam alles aufs Genaueste, um den Herd für diese intensiven Gerüche ausfindig zu machen, doch leider ergebnislos. Selbst der Verdacht, dass die mögliche Ursache von außerhalb in die Wohnung eindrang, erwies sich ebenfalls als erfolglos. Die Luft schien außerhalb der Wohnung klar und rein. Wo kam also dieser intensive Geruch her?

Ich erinnerte mich nun an meine Bitte zu Gott mir doch ein kleines Zeichen zu geben, falls dieses Geschäft nicht für mich bestimmt ist. Also nun hatte ich wohl mein Zeichen, war aber dennoch skeptisch, ob dies hier ein dummer Zufall ist.

Wir verabschiedeten uns dann nach dem Vorfall, mit dem Verbleib, meine Entscheidung ihr am nächsten Tag telefonisch mitzuteilen.

Wir traten die Heimreise an und waren die erste halbe Stunde der Fahrt immer noch sprachlos über diesen unerklärlich-mysteriösen Vorfall bei dieser Dame.

Nach einer halben Stunde Autofahrt eröffnete ich das erste Gespräch über dieses Geschäft und wir suchten immer noch des Rätsels Lösung. Plötzlich bekamen wir erneut einen Schreck, als wir über dieses Thema anfingen zu reden, kam derselbe intensive Geruch in unserem Auto erneut auf. Wieder waren wir sprachlos und ich erkannte es hiermit nicht mehr als einen Zufall an, sondern als ein sicheres und sehr deutliches Zeichen von Gott, dass dieses Geschäft nicht für mich gedacht war. Am nächsten Morgen rief ich die Dame an, um ihr schließlich im Bezug auf das Geschäft abzusagen.

Sie selbst erklärte mir, dass sie immer noch keine Erklärung für den Vorfall hat, da alles wieder vollkommen in Ordnung gewesen wäre, nachdem mein Mann und ich uns verabschiedet hätten.

Erfolgreiche Reparatur durch Gebet

Diese kleine nette Geschichte ist noch gar nicht so lange her, aber lohnenswert sie zu erzählen.

Wenn mein Mann und ich gemeinsam in den Urlaub fahren, mieten wir uns meist in einer Pension mit Selbstverpflegung ein, da wir dadurch unsere Freizeit unabhängiger planen können.

Zu unserem Gepäck gehört nicht nur der Koffer mit Kleidung, sondern ganz wichtig für mich ist natürlich die Kaffeemaschine, sowie ein Milchschäumer, was auf keinen Fall in unserer Ausrüstung fehlen darf.

An einem schönen Morgen, nach dem wir ganz gemütlich unseren Kaffee getrunken hatten, wurde als erstes der Tagesplan besprochen. Danach erklärte sich mein Mann bereit, ehe wir in den Tag starten, das Kaffeegeschirr vorher abzuspülen.

Leider fiel ihm dabei durch ein Missgeschick der Deckel des Milchschäumers so unglücklich auf den Boden, dass der Mechanismus total auseinanderfiel. Nun ging erst einmal gar nichts mehr.

Mein Mann hat sehr oft schon Geduld und Geschick für defekte technische Dinge unter Beweis gestellt, indem er sie erfolgreich reparierte.

Er setzt sich nun hin und versuchte den ursprünglichen Zustand wieder so zusammen zu basteln, wie er vorher war.

Nun saß er schon einige Zeit, doch die Reparatur wollte ihm dieses Mal nicht wirklich gelingen. Schließlich resignierte er, und bot mir an, diesen Milchschäumer in die Tonne zu werfen. Wir könnten uns ja eben einen Neuen kaufen.

Ich fragte ihn daraufhin, ob er die Reparatur schon einmal mit Gebet versucht hätte? Da er verneinte, empfahl ich es doch noch einmal zu probieren und ich bete hierfür natürlich mit. Denn wie heißt es doch so schön: in Matthäus 18; 20 „Wo zwei oder drei zusammen sind in meinen Namen, da bin ich mitten unter ihnen!" (die Gebetsgemeinschaft der Heiligen).

Keine fünf Minuten später verkündete mir mein Mann, dass nun alles wieder super funktionieren würde und alles wäre wieder wie neu.

Kann dies etwa nun ein Zufall sein, nachdem mein Mann zuerst aufgab, doch schließlich nach gemeinsamen Glauben und Gebet sich doch noch der Erfolg sichtbar einstellte? Meine Familie und ich sind jedenfalls immer wieder für auch noch so kleine Gebetserhörungen sehr, sehr dankbar!

Ein Hund findet durch Gottes Fügung wieder nach Haus

Als unsere Bernersennenhündin in den besten Jahren war, wurde nun auch sie naturgemäß zwei Mal im Jahr läufig. Wie jeder Hundefreund weiß, nehmen Rüden oft viele Kilometer weite Strecken auf sich, um so einer Hundedame den Hof zu machen. Auch bei unserer Hündin mangelte es nicht an Verehrern, die sie aber meist wieder erfolgreich vergraulte.

Doch eines Tages stand ein standhaft, zäher und schöner Bernersennrüde vor der Tür, der sich absolut nicht von unserer Hündin in die Flucht schlagen ließ.

Da es Winter war und ziemlich kalt, tat er mir leid, als es schließlich nach Stunden seines Ausharrens anfing dunkel zu werden und die Nacht bevor stand. Er ging einfach nicht nach Hause und ihn mit ins Haus zu nehmen war wohl aussichtslos. Also rief ich alle bekannten Hundefreunde aus der Gegend an, ob nicht jemand diesen Rüde vermissen würde.

Leider kannte ihn niemand. Mir blieb in diesem Fall nichts anderes übrig als ihn vorübergehend in einem Tierheim unterzubringen. Nach kurzer Rücksprache mit einem Tierheim, konnte ich ihn sofort bringen, mit dem Verbleib mich weiterhin selbst mit zu bemühen, sein Zuhause ausfindig zu machen. Auf jeden Fall hatte er es nun wenigstens dort wärmer als in dieser kalten Winternacht vor unserer Haustür.

Die nächsten Tage betete ich natürlich zu Gott, mir dabei zu helfen das Zuhause des Bernersennrüden zu finden.

Nochmals fragte ich jeden Hunde- und Tierfreund der mir zur damaligen Zeit bekannt war, ob sie nicht wüssten, wo ein solch schöner Rüde vermisst würde. Ich schaltete in der hiesigen Tageszeitung, sowie Wochenblatt, Anoncen, doch alles ergebnislos. Nirgends vermisste jemand diesen Schönen. Zwischenzeitlich telefonierte ich täglich mit dem Tierheim, ob eventuell da schon jemand ihn gesucht hat. Aber alles erfolglos und man erklärte mir leider nur, dass der Hund jeden Tag weint.

Er tat mir so leid, dass ich nichts anderes wusste, als einfach weiter für ihn zu beten und glaubte somit an ein Happy End.

In dieser Zeit lebten wir noch nicht all zu lang im Allgäu und ich hatte eine schöne Stelle als Floristin in einem großen Supermarkt. Da dieser Supermarkt noch einige verschiedene Abteilungen wie Hartware, Lebensmittel, Textil, sowie unsere Blumenabteilung hatte, war er von täglich tausenden Kunden gut besucht.

Wir lebten nahe an der österreichischen Grenze und hatten somit auch oft Kundschaft aus dieser Nachbarschaft. Oft nahmen wir Bestellungen auf und somit ergab sich, dass ich eine österreichische Kundin mit einer solchen Bestellung gerade bediente. Plötzlich bekam ich eine Eingebung (Intuition), dass ich die Besitzer des Bernersennrüden ja nur in Deutschland überall gesucht habe, aber Österreich doch auch nur wenige Kilometer entfernt ist und der Hund schließlich auch von dort sein könnte. Ich fragte ganz spontan diese Kundin, ob sie nicht, nachdem ich den Hund beschrieben habe, einen solchen irgendwo in ihrer Nähe vermissen würden. Die Frau schrie sofort vor Freude und erzählte mir, dass ihre Nachbarfamilie seit Tagen ihren Hund, auf den diese Beschreibung exakt passe, vermisst und die Kinder zu Hause schon deshalb weinen würden.

Ich erzählte ihr nun den kurzen Werdegang ihres Nachbarhundes und in welchem Tierheim man ihn abholen darf.

Die Freude war wohl hier sehr groß, nicht nur bei dieser Familie, sondern auch bei dem verlorenen Rüde.

Auch erwähnungswert wäre in dieser netten Geschichte, dass mein damaliges Team aus dieser Blumenabteilung gleichzeitig aus noch zwei Kolleginnen bestand, die die Kundin hätten bedienen können. Und nicht nur das, sondern von den tausenden Kunden, die täglich diesen Supermarkt besuchten, wurde gerade mir diese eine österreichische Kundin wohl zugeführt.

Kann das wirklich ein Zufall sein, dass ich gerade diese eine Kundin intuitiv im Bezug zu dem Hund ansprach oder hat der Herrgott einfach wieder einmal meine Gebete erhört?

Ein Arbeitsangebot durch Gebet

In den 80iger Jahren, nachdem ich bereits meine drei Kinder geboren hatte, suchte ich einen Halbtagsjob, um die tägliche Arbeit mit Haus und Familie gleichzeitig unter einen Hut zu bekommen.

Hier und da hörte man immer wieder, dass Schreibkräfte in verschiedenen Betrieben dringend gesucht werden. Durch meine zusätzliche Weiterbildung an einer mitteldeutschen Volkshochschule als Schreibkraft, sah ich hiermit eine gute Chance wieder ins Berufsleben einzutreten.

Ich bewarb mich schließlich bei allen hierfür besagten Stellen, die, wie man mir mitteilte, dringend Schreibkräfte suchten.

Doch nach jedem persönlichen Vorstellungsgespräch bekam ich meist am gleichen Tag schon eine Absage, mit der Begründung hierfür nicht geeignet zu sein.

Da ich nicht verstand, wo hier das Problem ist, fragte ich nach meiner letzten Absage einer größeren

Firma, wo hier der Haken sei, nur um mich bei einer nächsten Bewerbung besser darauf vorzubereiten.

Man erklärte mir nun, dass das einzige Handicap leider meine drei Kinder wären, da sie doch noch sehr klein sind. Man rechnete mir vor, wie oft ich durch Krankheitsfälle der drei Kinder ausfallen könnte und daher ein Verlust des Betriebes vorprogrammiert wäre. Ich war einfach nur fassungslos über diese Art von Argumentationen und sah mich in meinen beruflichen Zukunftsaussichten ziemlich eingeschränkt.

Zu dieser Zeit bestand schon seit längerem Kontakt zum Pfarrer Johannes Bolte. Ich informierte ihn brieflich von dieser unschönen Begebenheit, worauf ich kurze Zeit später postwendend Antwort von ihm bekam.

Er schrieb mir, dass er für mich gebetet habe, und sich mein Problem innerhalb der nächsten zwei Wochen in Wohlgefallen auflösen würde.

Nach ca. acht bis zehn Tagen bekam ich eine Nachricht von der letzten Firma, von der ich wegen meiner kleinen Kinder eine Absage auf eine Bewerbung bekam. Wenn ich noch Interesse an dieser Arbeitsstelle hätte, würde man sich auf ein nochmaliges Gespräch mit mir freuen.

Ich nahm diese Einladung natürlich gerne an und traute zunächst meinen Ohren nicht, nachdem man mir plötzlich eine sofortige Zusage machte, und man mir erklärte, was hierfür die Beweggründe für diesen Sinneswandel waren. Man versicherte mir nun, dass nach einem nochmaligem internen Gespräch der Betriebsleitung, ich genau die Richtige für diese Stelle wäre. Als Begründung gab man mir zu verstehen: "Da ich schon drei Kinder hätte, läge die Wahrscheinlichkeit nahe, dass ich mich nicht für noch ein viertes Kind entscheiden würde!" Wenn ich dann durch Krankheit eines meiner Kinder einmal für kurze Zeit ausfallen würde, wäre dies für den Betrieb nicht so ein Verlust, als wenn man eine jüngere Dame einstellt, die noch keine Kinder hat, da diese eventuell eher schwanger werden könnte, und es dadurch einen viel größeren Ausfall gäbe!"

Hier hat sich das Blättchen wohl deutlich nach dem Gebet vom Pfarrer gedreht.

Ich bekam also nicht nur diese Arbeitsstelle, sondern kann behaupten, dass dies einige Jahre eines meiner harmonischsten Stellen war, bis zur Wiedervereinigung Deutschlands, wo ich durch den Wechsel ins Allgäu diese Arbeitsstelle leider wieder aufgeben musste. Der Kontakt hält mit einigen aus diesem Team bis heute noch nach dreißig Jahren an. Auch dieses Mal durfte ich wieder Gott für die erhörten Gebete des Pfarrers danken.

Träume

Sind Träume wirklich Schäume, wie der Volksmund sagt?

Nein, Träume sind ein Geschenk Gottes!

Wer sie mehr beachtet, kann darin wichtige Botschaften, Vorwarnungen, oder Antworten auf Probleme, die manchmal scheinbar unauflöslich zu sein scheinen bekommen.

Natürlich gibt es sehr verschiedenartige Träume, die jeweils unterschiedlich gedeutet werden sollten. So zum Beispiel kann man an Hand von Symbolen aus Traum- büchern schon viele der Träume selbst deuten. Dann gibt es da noch die Wiederholungsträume oder gar Alpträume, wo man oft schweißgebadet aufwacht und sie einen tagelang noch beschäftigen. Sicher hat dieses der Eine oder Andere selbst schon einmal erlebt.

Doch dann gibt es ja auch noch die Wahrträume, die oft 70 – 100% irgendwann einmal in der Zukunft zur Realität werden. Dafür gibt es absolut keine Zeitangaben. Das kann nach einen Tag, Monaten oder sogar Jahren erst geschehen.

Genau davon sollen nun die nächsten Geschichten erzählen. Nicht umsonst heißt es schon in der Bibel im Psalm 127: „den Seinen gibt es der Herr im Schlaf!"

So kann man auch die wundervolle Geschichte aus dem Alten Testament von Joseph nachlesen. Es ist eine meiner Lieblingsgeschichten aus der Bibel. Trotz, dass er von seinen leiblichen Brüdern verraten und nach Ägypten in die Sklaverei verkauft wurde, zerbrach er nicht an seinem Schicksal. In dauerhafter Kommunikation zu Gott, sei es im Glaube, Vertrauen oder durch Träume und ihre Deutung, erlangte er dennoch zu Ruhm und Ehre in seinem Leben.

Aber auch uns gibt es der Herr im Schlaf, was die nachfolgenden Geschichten zeigen sollen.

Eine Familientragödie vorausgeträumt

Mit einer ganz besonderen Geschichte einer sehr engen Freundin aus meiner Kindheit möchte ich beginnen. Ich erinnere mich noch so gut daran, als hätte ich sie selbst erlebt.

Sie träumte im Alter von 12 Jahren einen Wahrtraum, in dem sich eine schreckliche Familientragödie abspielte.

Der Traum begann mit einem familiär, harmonischen Zusammensein mit ihrer Mutter und Schwester. Aus heiterm Himmel betrat plötzlich ein Teufel die Wohnung, drangsalierte die Mutter und fiel böse über sie her. In panischer Angst um die Mutter sprang nun im Traum meine Freundin auf und griff den Teufel mutig an, bis er von der Mutter abließ. Nun aber stürzte er sich auf meine Freundin. Die Familie flüchtete im Traum von einem Zimmer zum anderen in der Wohnung, um irgendwo Schutz zu finden. Sie erinnerte sich noch in all der Panik, dass sie einen Plan hatte, den Teufel zu überlisten, so dass alle ihm entkommen könnten. Doch da nahm der Teufel ihre Stimme weg, und der Traum endete hiermit.

Dieser Traum spielte sich nach einem dreiviertel Jahr in der Realität meiner Freundin fast identisch ab.

Der Teufel symbolisierte den Familienvater, der im wirklichen Leben ein gewalttätiger Alkoholiker war. Durch Alkoholschulden kam er eines Tages betrunken nach Hause, um die Mutter um Geld zu bitten. Da sie seiner Bitte nicht nachgeben wollte und konnte, wurde er gewalttätig gegen sie, so wie im Traum. Auch meine Freundin griff nun ein, um der Mutter zu helfen. Diese Tragödie spielte sich tatsächlich gleichermaßen wie in ihrem Traum ab. Sie flohen von einem Zimmer zum anderen in der Wohnung, um Schutz vor ihm zu suchen. Bei dem Versuch, den Vater zu überlisten, schlug er so sehr auf meine Freundin ein, dass sie ohnmächtig zu Boden fiel, wo man hier zweifellos deuten kann, als sie im Traum ihre Stimme verlor.

Dieser Traum war eindeutig ein Vorbote für zukünftige Ereignisse, die, wenn auch viel später, eingetreten sind.

Im wahren Leben, trennte sich die Mutter natürlich nach dieser Familientragödie von ihrem Mann, um nicht länger ihren Kindern eine Zukunft in Angst und Gewalt auszusetzen.

Die 5- DM- Scheine

Meine Mutter träumte in den 1970-iger Jahren von einem ansehnlichen Berg aus 5 DM Scheinen, insgesamt ein Betrag von 1000 DM, den sie überreicht bekam.

Als sie sich im Wachzustand an den Traum erinnerte, dachte sie, „was für ein schöner Traum, „der aber eben wohl nur ein Traum ist!"

Zu dieser Zeit arbeitete sie seit vielen Jahren in einem Betrieb, wo es am Jahresende immer eine Verdienstprämie für alle Mitarbeiter gab. Da sie aber bei der Auszahlung der Prämie durch eine Krankheit nicht in der Lage war, sie selbst in Empfang zu nehmen, bevollmächtigte sie ihren Schwiegersohn (meinen Schwager), der ebenfalls Angestellter dieses Betriebes war, es ihr doch bitte mitzubringen.

Dies begab sich gleich am darauffolgenden Tag ihres Traumes.

Der Schwiegersohn brachte nun, wie abgesprochen, meiner Mutter das Geld mit nach Hause. Zu ihrem großen Erstaunen, glaubte sie zunächst ihren Augen nicht zu trauen, denn sie schaute auf einen Berg mit lauter 5 DM Scheinen, genau so, wie sie es in der letzten Nacht zuvor geträumt hatte.

Dieser Traum realisierte sich in kürzester Zeit und war wohl als glücklicher Vorbote für einen Berg Geld, wenn auch nur kleine Scheine, zu deuten.

Rätsel im Traum gelöst

Als in den 80iger und 90iger Jahren die ersten Computerspiele wie Sega oder Gameboy auf den Markt kamen, war das auch für unsere Kinder ein netter

Zeitvertreib, wenn mal das Wetter keine Möglichkeit bot, um im Garten zu spielen.

Auch auf längeren Autofahrten merkten wir kaum, dass Kinder an Bord sind. Jedes von ihnen schien sehr beschäftigt zu sein. Das positive an diesen Spielen war, dass die geistige Intelligenz gefördert wurde, um dabei erfolgreich zu sein.

So hatten unsere Drei sich einmal längere Zeit mit einem Spiel befasst, wo man einen Bildercode knacken musste. Die Bilder mussten in einer ganz bestimmten Reihenfolge stehen, um das Spiel zu gewinnen. Das war natürlich nicht ganz so einfach.

Ich erinnere mich noch an ein Spiel meiner Tochter, wo sie sehr viel Mühe hatte, um die richtige Bilderkombination herauszufinden. Sie beschäftigte sich so intensiv damit, wie man wohl den Code knacken könnte, dass sie die darauffolgende Nacht von einigen Bildern in einer ganz besonderen Reihenfolge angeordnet träumte.

Als sie von diesem Traum erwachte, setzte sie diese Bilderfolge explizit so in ihrem Spiel ein, wie sie es geträumt hatte. Zu ihrer großen Freude, stimmten alle Bilder exakt genau überein, und der Code war somit geknackt.

Die abgebrannten Haare

Eines Nachts träumte ich von einem alten Freund der Familie, den ich jedoch längere Zeit nicht mehr gesehen hatte. Sein Outfit repräsentiert heute noch die alte Rockerzeit der 60iger und 70iger Jahre, indem er mit Stolz seine Haare lang über den Schultern trug.

In meinem Traum erschrak ich allerdings bei einer Begegnung mit ihm, da seine schönen langen Haare nicht nur bedeutend kürzer, sondern auch merkwürdig ausgefranzt aussahen.

Als ich im Traum nachfragte, was mit seinem Haaren sei, antwortete er nur, „dass sei ihm passiert", und der Traum war zu Ende.

Nach ungefähr drei Monaten begegneten wir uns zufällig im wahren Leben wieder. Er hatte zu meiner Verwunderung tatsächlich bedeutend kürzere Haare. Ich fragte nach, wieso er jetzt sein Haar kürzer trägt und er erzählte nun, dass er beim Schweißen bei seiner Arbeit seine Haare durch eine plötzliche Stichflamme fast abgebrannt hatte. Von einem Friseur ließ er sich schließlich seine ausgefranzten Haare wieder gerade schneiden.

Dieser Traum realisierte sich fast 100%ig nach einem viertel Jahr wieder.

Seine Haare sind inzwischen längst wieder nachgewachsen, die er nun zukünftig beim Schweißen zusammen binden wird.

Die Wegkreuzung

Unser ältester Sohn träumte in seiner Jugendzeit von einem Freund, den er schon seit seiner Schulzeit kannte.

In den Traum liefen beide auf einer sehr langen und geraden Straße ein ganzes Stück gemeinsam. Plötzlich kamen sie an eine Kreuzung, wo der Weg sich nach rechts und links gabelte. Zuerst waren beide ratlos, welches von beiden die richtige Richtung sei. Der Freund meines Sohnes wählte nun den linken Weg und mein Sohn entschloss sich für den rechten. Sie diskutierten noch eine Weile und jeder bestand darauf, den von ihm gewählten Weg zu gehen, so dass es keine gemeinsame Lösung gab.

Da der Freund nun den linken Weg wählte und sich daraufhin verabschiedete, versuchte mein Sohn ihm immer noch vergeblich von diesem Entschluss abzubringen, da es nach seiner Intuition die falsche Richtung war.

Schließlich trennten sich beide Freunde an der Kreuzung und jeder ging seinen gewählten Weg allein weiter.

Im wirklichen Leben waren beide seit ihrer Schulzeit sowie die darauffolgenden Jahre befreundet. Schon in dieser Zeit war die Verführung oder auch

Versuchung mit Drogen und Alkohol sehr groß. So kam es nun, dass der Freund dieser Versuchung nicht standhielt. Jeder Rat meines Sohnes, dass er auf dem falschen Weg sei, schien vergebliche Mühe. Darum trennten sich die Wege beider Freunde für einige Jahre. Jeder der beiden ging von nun an in eine andere Richtung. Der linke Weg symbolisiert in der Traumdeutung immer das Falsche (falsche Richtung), wobei Rechts immer das Richtige oder man kann hier auch eindeutig sagen, den richtigen Weg, anzeigt.

Auch dieser Traum spiegelte sich nach einiger Zeit sehr real wieder.

Aber Gott sei Dank hat auch der Freund inzwischen seinen rechten Weg doch noch gefunden. Er ließ sich gegen Drogen und Alkohol erfolgreich therapieren, wodurch er nun schon seit längerer Zeit wieder ein vollkommen drogenfreies Leben führt.

Ein missglückter Langlauf

Als mein jüngster Sohn ca. 10 Jahre war, weckte er mich eines nachts mit einem nicht zu überhörendem Geschrei. Natürlich rannte ich aus Sorge zu ihm, um nachzufragen, was möglicherweise passiert wäre. Trotz, dass er immer noch im Halbschlaf war, konnte er mir dennoch erzählen, dass er etwas Fürchterliches geträumt hätte. Als er nun vollständig munter schien, erzählte er, dass in seinem Traum plötzlich ein Elefant da war, der ihn mit seinem ganzen Gewicht heftig auf den Fuß getreten hätte. Der Schmerz schien wohl so spürbar gewesen zu sein, so dass er die Realität, ob er gerade träumt oder nicht, für einen Moment nicht unterscheiden konnte.

Nach einem kleinen beruhigenden Gespräch, und der Erkenntnis, dass das alles ja nur ein böser Traum war, konnte er schließlich nun doch endlich wieder einschlafen.

Nach ein paar Tagen, es waren gerade Winterferien, planten mein Sohn und ich einen Skilanglauf zu unternehmen. Ein schöner, sonniger Wintertag im Allgäu war hierfür die beste Gelegenheit

Die Skiloipen boten sich keine 300 m von unserem Wohnhaus entfernt an. Also gesagt, getan, nahmen wir unsere Skiausrüstung auf die Schultern und liefen zur nächstgelegen Skiloipe. Als wir ankamen schnallten wir unsere Bretter an und los ging der Spaß. Doch leider war der schöne Anfang unseres geplanten Ausfluges auch schon schnell wieder zu Ende.

Mein Sohn stürzte schon nach den ersten 5 Metern so unglücklich, dass er sich seinen Fuß dabei brach. Es war genau der Fuß, auf den der Elefant in seinen Traum getreten hatte. Natürlich war das Geschrei durch den Schmerz in der Realität ebenfalls so heftig, wie im Traum.

Wir schnallten danach ganz schnell die Ski wieder ab und ich brachte ihn den kurzen Weg, wenn auch schmerzvoll hinkend nach Hause. Anschließend fuhren wir sofort in das nächste Krankenhaus, wo beim Röntgen des Fußes der Bruch bestätigt wurde. Nun bekam er einen schönen Gips, womit er leider die restliche Ferienzeit verbringen musste.

Diesen Traum könnte man hier sozusagen zu 80 – 100% als einen Warntraum interpretieren, wobei die Ursache für den schmerzenden Fuß im Traum der Elefant auslöste und in der Realität sich als Skiunfall offenbarte.

Geistige Heilungen

Geistig Heilen, sagt schon der Name, kommt aus dem Geist, den ein jeder Mensch in sich hat. Der Mensch besteht aus Körper, Geist und Seele. Wenn der Körper krank ist, hat ein jeder Mensch also ein riesiges Werkzeug in sich, was man Geist nennt, womit er sich immer wieder selbst heilen oder regenerieren kann. Doch wir können dies nicht von uns aus, sondern sind ständig mit dem Geist Gottes verbunden. Er ist sozusagen der Chef. Bildlich erklärt ist Gott sich so vor zustellen, wie ein riesiges Kraftwerk, das Größte überhaupt, was man sich vorstellen könnte. Wir kleinen Menschlein sind zu vergleichen, als kleine Batterien. Durch ständigen Ärger, Arbeit, Sorgen, Stress oder Hektik, was der tägliche Alltag, der bei dem Einen oder Anderen unterschiedlich abläuft, sind unsere Batterien irgendwann auf Sparflamme oder ganz und gar fast leer.

In diesem Fall sollten wir in die Ruhe gehen, oder einen schönen Ort aufsuchen der uns gut tut, sowie in der Natur zum Beispiel am Wasser oder im Wald oder bei guter Musik, und uns somit wieder mit dem Allmächtigen Gott verbinden, um unsere Batterien wieder neu aufzuladen.

Wir sollten uns ständig an die Dreieinigkeit, den Vater, Sohn und heiligen Geist in unseren Nöten erinnern. Jesus sagt deshalb in Johannes 10;30: „Ich und der Vater sind eins" oder in Matthäus 11;28:„...kommt alle zu mir, die ihr euch plagt und große Lasten tragt, ich will euch Ruhe verschaffen" oder im 2. Moses:„Ich bin der Herr dein Arzt",

nur um einige Beispiele aus der Bibel zu nennen.

Ein Arzt, der nicht an die Existenz der Seele und den Geist glaubt, kann einen Menschen nie wirklich vollkommen heilen. Er kann seine Krankheit ganz sicher mit Medikamenten betäuben oder still legen, doch bei einer vollkommenen Heilung muss die Seele immer mit behandelt werden und der Geist heilt die Wunden. Nicht für umsonst spricht man hier auch gerne von den sogenannten Selbstheilungskräften, die ein jeder Mensch in sich trägt. Natürlich gehört auch dazu der Glaube an diese innere Kraft. Mit dieser wunderbaren Kombination sind nicht nur in der Zeit Jesu vor 2000 Jahren massenhaft Wunderheilungen geschehen, sondern dies geschieht nachweislich noch bis in die heutige Zeit. Jesus hat uns vieles gelehrt, was uns durch unseren Glauben alles möglich ist. Bei vielen seiner Heilungen, wo die Geheilten sich anschließend bei ihm bedankten, wies er sehr oft darauf hin, indem er ihnen antwortete: „Gehe hin, dein Glaube hat dir geholfen!"

Nun gibt es aber auch oft schwere Krankheitsfälle, die austherapiert oder hoffnungslos scheinen, wo Menschen den Glauben an sich verloren haben und mit allem resignieren. Sie wenden sich dann als letzten Strohhalm in der Hoffnung auf Heilung, an einen sogenannten Heiler. So ein von Gott begnadeter Heiler kann dann seine Energie an den Hilfesuchenden, durch verschiedene Möglichkeiten, sowie das Handauflegen übertragen, und seine Selbstheilungskräfte dadurch langsam wieder ankurbeln. Geht es ihm schließlich erst wieder besser, ist er bald selbst wieder in der Lage, sich zu heilen.

In Bezug zu der kleinen oben erwähnten Einführung, möchte ich nun nachfolgend wahre Geschichten von Heilungen erzählen, die sich überwiegend in meiner Familie durch eigene Gebetsheilungen und Glaube oder durch Übertragung der geistigen Kraft eines Heilers (sowie Pfarrer Bolte und Frau Toepler), geschahen.

Amputation konnte verhindert werden

Wie weiter oben schon erwähnt, war ich in meiner Jugendzeit sportlich sehr aktiv. Mit ca. 15 Jahren konnte ich eines Tages plötzlich mit meinem linken Fuß nicht mehr ohne Schmerzen laufen. Das Abrollen des Fußes verursachte derartige Schmerzen, so dass ich mir inzwischen einen seitlichen Schongang angewöhnte und auch nachts dadurch schlecht schlafen konnte. Der Fuß war sehr geschwollen, was ich durch Kühlen und Bandagen versuchte zu lindern. Ich konnte mich nicht wirklich erinnern, wann ich mich so ernsthaft an diesem Zeh verletzt hatte, aber es konnte nur beim Sport durch Überanstrengung geschehen sein, was mir von einem Arzt einige Zeit später bestätigt wurde.

Da ich die Ursache der Schmerzen genauer wissen wollte, machte ich einen Termin bei einem Orthopäden. Mein Fuß wurde nun von allen Seiten geröntgt und dementsprechend untersucht. Nun verkündete der Arzt mir die unschöne Diagnose von

Morbus Köhler II, die mir natürlich nicht gerade sehr angenehm war. Das bedeutet, dass ich mir eine aseptische Knochennekrose des 2. Mittelfußknöpf- chens (gebrochen und verknorpelt wieder zusam- men gewachsen) durch Überanstrengung zugezo- gen hatte. Der Orthopäde riet mir nun zu einer Ope- ration, indem mein Zeh amputiert, oder durch einen Schnitt oberhalb des Fußes Knorpel entfernt wer- den müsse, sonst könnte ich NIE wieder in meinem Leben richtig laufen!

Das hieße, Sport fällt erst einmal für längere Zeit aus.

Gegen diese Operation sträubte ich mich erst mal mit Händen und Füßen, sowie innerlich. Wenn schon jemand das Wörtchen „Nie" zu mir sagt, erin- nere ich mich doch sofort an meinen Glauben an Gott, für den nichts unmöglich ist. Ja, das gefiel mir schon besser!

Ich verabschiedete mich von dem Arzt, der am liebs- ten schon am gleichen Tag einen OP-Termin machen wollte, mit den Worten, dass ich wieder von mir hören lasse, wenn gar nichts mehr geht.

Ich humpelte nun, wenn auch noch etwas unter Schock von dieser Alptraumdiagnose, so wie ich es damals empfand, wieder nach Hause.

Von da an bandagierte und kühlte ich die Schwellung und vorallem glaubte und betete ich, dass mein Fuß niemals operiert werden müsse, aber trotzdem mein ganzes Leben lang wunderbar damit laufen kann. Ich muss zugeben, ich hinkte noch so ungefähr drei bis vier Monate, bis so langsam die Schmerzen weniger und weniger wurden, und schließlich vollkommen verschwanden. Und das immer noch nach ca. 45 Jahren. Dazu finde ich es sehr wesentlich zu erwähnen, dass ich in meinem ganzen bisherigen Leben sehr viel, durch Jobs bedingt, gelaufen bin. Diese Morbus Köhler II Krankheit, ist übrigens heute noch an meinem Fuß optisch sichtbar, und ich kann dennoch unbehindert damit sehr gut laufen, auch ohne Schongang und Schmerzen.

Ich danke Gott auch heute immer noch, für diese wunderbare Heilung, die er mir durch meinen festen Glauben an und durch IHN möglich machte, und mir dadurch eine Amputation, eines meiner Zehen erspart blieb.

Heilung von Leberhepatitis B

Im Jahr 1983 stellte man bei meiner Mutter durch eine Untersuchung Gelbsucht fest, woraufhin alle Familienmitglieder, die unmittelbar Kontakt mit ihr hatten, sich einer Routineuntersuchung unterziehen mussten.
Gelbsucht wurde allerdings bei keinem aus der Familie festgestellt. Doch bei unserer Tochter, damals gerade einmal 3 und unseren ältesten Sohn erst 6 Jahre, wurde erschreckender Weise Leberhepatitis B diagnostiziert.

Es gab für uns damals keinerlei Erklärung, wie und wo sich die Beiden mit diesem schwer ausheilbaren Virus infizieren konnten!

Laut wissenschaftlich- und medizinischen Berichten, ist Hepatitis nur durch sexuellen Kontakt, sowie Bluttransfusionen oder infizierte Spritzen möglich.

Da alle anderen Familienmitglieder aber frei von diesem Virus waren, konnte nur Letzteres (infizierte Spritzen) in Betracht kommen.

Es begann hiermit eine unschöne Zeit des Hoffens und Bangens um unsere zwei Kinder, ob sie wohl jemals wieder völlig gesund würden?

Zunächst kamen die Kinder zusammen mit meiner Mutter 6 Wochen unter Quarantäne in einem Krankenhaus. Es wurden nun oft Blutproben genommen und sie wurden unter strengster Diät gehalten.

Aber leider ohne Erfolg, da die Blutwerte eher noch stiegen. Anschließend wurden beide wieder entlassen, doch unter ambulanter monatlicher Kontrolle gehalten. Da die Blutwerte alles andere als zufriedenstellend waren, überwies man sie an einen Spezialisten in ein Krankenhaus in Halle, wo beide punktiert und weiterhin stationär behandelt wurden.

Es war für uns eine schreckliche Zeit, die Kleinen dort abzugeben und allein wieder nach Hause zu fahren, ohne eine positive Hoffnung zu haben. Da sich dieser Krankheitsverlauf inzwischen schon 2 Jahre hinzog, ohne jeglichen Erfolg, führten wir schließlich ein intensives Gespräch mit einem dafür zuständigen Spezialisten, wie die Heilungschancen unserer beiden Kinder zukünftig aussehen könnten.

Er versicherte uns in der damaligen Zeit, dass man in diesem Fall nicht viel mit Medikamenten machen könne, um der Leber nicht weiterhin zu schaden. Außer strengste Diät, oder ER da oben, und schaute dabei zum Himmel, könnten hier eine Chance auf Heilung bringen. Er erklärte uns auch, dass von ca. 100 Hepatitis B Fällen, es einmal zum Tod führen würde durch eine Schrumpfleber.

In dieser Zeit der Hoffnungslosigkeit kam mir dennoch plötzlich ein Gefühl von Sicherheit doch noch

Heilung für unsere Kinder zu bekommen, denn ich vertraute nun fest auf ‚'Gottes Hilfe´.

So vergingen aber wieder noch einige erfolglose Wochen mit Bluttests.

Eines Tages kam meine Mutter mit einer Adresse von Herrn Pfarrer Johannes Bolte. Damals erfuhr ich zum ersten Mal, dass er sehr viele Erfolge durch Gebetsheilungen bei vielen Hilfesuchenden hatte. So auch bei unseren beiden Kindern.

Somit begann mein erster Kontakt mit diesem hochbegnadeten Heiler, der über viele Jahre bis zu seinem Ableben anhielt!

Da er zu dieser Zeit leider nicht mehr in Ostdeutschland lebte, konnte ich mich nur schriftlich an ihn wenden.

An Hand von Bildern behandelte er beide Kinder durch Gebet mit großem Heilerfolg.

Natürlich gingen wir weiterhin zum Bluttest, wo man uns mit großer Verwunderung und zum Erstaunen der behandelnden Ärzte versicherte, dass die Blutwerte beider Kinder plötzlich im Normalbereich wären. Auch heute noch, viele Jahre später sind diese Werte immer noch konstant geblieben.

Ich danke auch noch immer Herrn Pfarrer Johannes Bolte für diese wunderbare Gebetsheilung und vorallem unserm Herrgott im Namen Jesu, der dies möglich machte.

Nun blieb dennoch die Frage, wodurch sich unsere Kinder mit diesem Virus infiziert hatten.

35 Jahre später erfuhren wir durch Medienberichte von dem großen vertuschten Medizinskandal in der ehemaligen DDR an der Universität in Halle. Es wurden Ende der 1970iger Jahre tausende Frauen mit dem Rhesusfaktor negativ, das verunreinigte Anti-D-Globolin mit dem Hepatitis C Virus gespritzt. Das traurige Resultat dieser Frauen, sowie deren Familien bedarf hier wohl keiner weiteren Fragen. Teilweise sind einige Frauen inzwischen daran gestorben, sowie heute noch viele der Frauen unter den Folgen leiden!

Der verantwortliche Leiter für diesen Medizinskandal Dr. Wolfgang Schubert verlor daraufhin seine Approbation, sowie seinen Job. Er wurde zu zwei Jahren Haft verurteilt, die er aber nicht abgesessen hat. Er fing an zu trinken und starb kurze Zeit später an Leberzirrose.

Welch eine Ironie!

Da in meiner Familie bis heute niemand mit dem Hepatitis B Virus infiziert ist, wäre es doch denkbar möglich, durch die vertuschten medizinischen Machenschaften in der ehemaligen DDR, dass unsere Kinder ebenfalls infiziert worden?

Auch wenn dies hier nur Spekulationen sind, liegt die Wahrscheinlichkeit wohl dafür sehr nahe!

Erwähnungswert wäre in diesem Fall ganz besonders für mich, dass die Gelbsucht meiner Mutter kein Zufall war, denn diese heilt zum Glück eher schnell wieder aus, die ganze Familie aber nur dadurch zu einer Routineuntersuchung musste. Nur dadurch wurde die Hepatitis B bei unseren Kindern erkannt und konnte durch Gottes Hilfe geheilt werden. Wären wir also nicht zur Routineuntersuchung gegangen, wäre der Schaden nie erkannt worden und ein Kind oder sogar beide wären an einem Leberschaden gestorben.

Für mich gibt es in keinem Leben Zufälle, sondern alles ist Gottes Fügung!

Komplette Heilung nach einer halben Stunde

Bei einem jeden Menschen äußert sich eine Immunschwäche durch unterschiedliche Symptome! Der Eine ist anfällig für Husten, ein Anderer bekommt schnell Mandelentzündung, wieder Andere eine Blasenentzündung usw..

So überfielen fast regelmäßig in den Wintermonaten unseren jüngsten Sohn in seiner Kindheit, heftige Ohrenschmerzen bis hin zur Mittelohrvereiterung.

Als es ihn wieder einmal so ziemlich heftig erwischt hatte, ich erinnere mich noch sehr genau, dass es an einem Freitag Nachmittag war, versuchten wir, da das Wochenende vor der Tür stand, noch schnellstens einen Termin beim Ohrenarzt zu bekommen.

Wir hatten Glück, denn keine Stunde später saß unser Sohn auch schon auf dem Praxisstuhl. Der Ohrenarzt war ein älterer, sehr netter Arzt, kurz vor seiner Pensionierung und verstand zweifellos etwas von seinem Fach.

Da unser Sohn durch seine Anfälligkeit für Ohrenschmerzen ihm so gut wie jedes Jahr in den Wintermonaten einen Besuch abstattet, war er ihm seit einigen Jahren schon vertraut.

Die Diagnose einer schweren Mittelohrvereiterung bestätigte hier die starken Schmerzen. Er verschrieb somit Medikamente, unter anderem Schmerzzäpfchen, so dass das Kind schlafen könne und auch über das Wochenende Linderung bekam. Liebenswürdigerweise bot er sogar seine private Telefonnummer an, wo ich ihn übers Wochenende im Notfall jederzeit erreichen könnte.

Etwas beruhigt fuhren wir erst einmal nach Hause, wo er schließlich sofort seine Schmerzmittel bekam. Endlich ließen die heftigen Schmerzen kurze Zeit später nach, woraufhin er anschließend einschlafen konnte. Leider hielt das Medikament nicht lange an. Nach ca. zwei Stunden schrie er erneut vor Schmerzen. Ich versuchte nun nebenbei mit alten Hausmitteln den Schmerz zusätzlich zu lindern, aber alles blieb erfolglos. Schließlich nahm ich das nette Angebot des Arztes an und rief ihn spät abends doch noch einmal an, denn mich überkam in meiner Hilflosigkeit eine leichte Panik vor der bevorstehenden Nacht.

Er schien sehr mitfühlend und bestätigte mir an Hand der Diagnose nochmals, dass die Schmerzen des Kindes verständlich seien. Laut seinem telefonischen Rat, sollte ich ihm weiterhin nach Bedarf Schmerzmittel verabreichen. Für einen Moment überlegte ich ernsthaft, ob dies wohl die richtige Lösung sein soll, dem Kind alle zwei Stunden ein Schmerzmittel zu verabreichen?

Doch was hatte ich für eine andere Wahl? Aber dann fiel mir ein, oh doch, ich hatte noch eine sehr gute Wahl! Es gab da noch eine sehr nette ältere Dame, die ebenfalls wie Pfarrer Bolte durch Gebetsheilungen schon viel Gutes bewirkt hatte und unsere Familie schon viele Jahre begleitete.

Ich rief sie ebenfalls noch spät abends an und schilderte mein Anliegen. Hilfsbereit und herzlich wie sie immer war, versicherte sie mir, sofort für unseren Sohn zu beten.

Was nun geschah, war einfach nur unfassbar. Innerhalb von einer halben Stunde, also kurz nach dem Telefonat, wurde unser Sohn ruhiger und absolut schmerzfrei. Er konnte nun Gott sei Dank endlich einschlafen, so wie auch die ganze Familie, die schließlich alle automatisch mit gelitten hatten, und er wachte am Morgen immer noch schmerzfrei wieder auf.

Aber das ist noch nicht alles! Bis heute noch nach vielen Jahren, wo unser Sohn längst erwachsen ist, kann ich mich kaum noch erinnern, dass er jemals wieder solch heftige Ohrenschmerzen hatte.

Deshalb bin ich unserer treuen Begleiterin Frau Johanna Toepler, die längst durch ihr Abscheiden inzwischen in einer viel besseren Welt als dieser ist, für diese wunderbaren Gebete dankbar, sowie Gottes Gebetserhörung in der Not!

Für immer vom Stottern befreit

Als meine ganze Familie nach der Wiedervereinigung Deutschlands ins schöne Allgäu umzog, gab es nicht nur einen sehr großen örtlichen Umbruch für uns alle, sondern jetzt mussten sehr viele neue Eindrücke, wie neue Mentalität, Arbeit, Schulen und Freunde, neue Umgebung und vieles mehr, erst einmal seelisch verarbeitet werden. Es war nicht leicht, sich von heute auf morgen den vielen, neuen Umständen sofort anzupassen.

Aber besonders schwer erging es unserem ältesten Sohn, der damals 12 Jahre alt war. Er war schon immer, so wie die anderen beiden Kinder, hochsensibel. Doch er sprach schon als Kleinkind kaum über Probleme, die ihn seelisch bedrückten. Durch diese Eigenschaft entwickelte sich in frühester Kindheit ein leichter, dezenter Sprachfehler, was man als Stottern bezeichnen würde.

Wenn man aber selbst hochsensibel ist, spürt eine Mutter meist als Erste, wenn etwas mit ihrem Kind nicht in Ordnung ist. Darum legte ich sehr viel Wert darauf, dass unsere Kinder immer und jeder Zeit mit ihren Problemen zu mir kommen könnten, egal worum es ginge. Ich versuchte, ihnen das beruhigende Gefühl zu vermitteln, dass es für jedes Problem eine Lösung gibt!

Doch leider verschlechterte sich sein leichter Sprachfehler in extremes Stottern. So wie es früher einmal nur ab und zu bei einem Satz vorkam, steigerte sich dies nun immer häufiger, und er konnte somit kaum noch ein Wort problemfrei reden. Vergeblich versuchte ich durch intensive Gespräche zu ergründen, wo oder was ihn so seelisch belasten würde.

Eines Tages wurde ich zum Elterngespräch seines Klassenlehrers eingeladen, wo ich schließlich des Rätsels Lösung fand!

Auch ihm war der inzwischen schwere Sprachfehler unseres Sohnes nicht entgangen, und erzählte mir von dem derzeitigen, unsozialen Fehlverhalten einiger seiner Mitschüler. Nach Feststellung aus dem Gespräch des Lehrers, wurde er also nicht gerade liebenswürdig in der neuen Schulklasse aufgenommen, was sich in verschiedenartigen und unliebsamen Äußerungen ihm gegenüber wiederspiegelte. Ich war einfach nur fassungslos und schockiert, welchen traurigen Start unser Sohn in der neuen Heimat hinlegen musste!

Der Lehrer empfahl mir nun für ihn einen Sprachtherapeuten aufzusuchen, um sprachlich wieder auf ein normales Gleichgewicht zu kommen. Ich fuhr anschließend, immer noch entsetzt von diesem Gespräch nach Hause, konnte kaum meine Tränen noch zurückhalten und nahm als erstes meinen Sohn in die Arme.

Nun überlegte ich mir meine nächste Vorgehensweise! Nur allein Sprachtherapie würde hier nicht viel bringen. Zuerst einmal musste die verletzte Seele geheilt, sowie sein Selbstvertrauen wieder aufgebaut werden.

Ich bat Gott, wie immer, mir die richtigen Schritte diesbezüglich zu zeigen, so dass der Junge wieder völlig von diesen seelischen Verletzungen Heilung bekommt.

Also rief ich erst einmal wieder unsere ältere Freundin, Frau Johanna Toepler an, um mir Rat bei ihr zu holen. Sie versicherte mir, sofort für den Jungen zu beten, so wie ich das ebenfalls immer tat.

Inzwischen erlaubte ich mir mit meinem Mann zusammen, den Kandidaten, aus der Schulklasse meines Sohnes, die für das Mobbing hauptsächlich verantwortlich waren, einen privaten Besuch abzustatten, selbstverständlich im Beisein deren Eltern.

Die Gespräche verliefen erstaunlicherweise sehr fruchtbar, denn die Jungen zeigten sich nun daraufhin sehr beschämt und voller Gewissensbisse. Ihnen wäre das Ausmaß ihres unüberlegten Verhaltens nicht wirklich bewusst gewesen.

Nun hat dieser unschöne Fall aber doch noch ein beglückendes Happy End.

Kurze Zeit nach den Gebeten verlor sich das Stottern nach und nach, bis es so gut wie völlig verschwand. Unser Sohn konnte wieder jeden Satz ohne Unterbrechung oder Stottern reden, und es war bis heute kein Sprachtherapeut notwendig. Mit den Mobbingkanditaten und unserem Sohn entwickelte sich noch eine nette Freundschaft, die bis über die Schulzeit hinausging.

Da kann man doch nicht mehr anders, als Gott wieder einmal für so ein wunderbares Heilungsgebet zu danken, oder?

Vom Tod geweihte Bernersennenhündin

Nachdem wir nun schon einige Jahre im Allgäu lebten, bettelten unsere Kinder um ein Haustier. Sie wünschten sich sehnlichst einen Hund.

Zuerst wurde natürlich der Familienrat einbezogen, um alles Für und Wider, was so ein neues Familienmitglied mit sich bringen würde, ab zu klären.

Als alle in der Familie soweit einverstanden waren, musste nur noch die Rasse bestimmt werden. Ich selbst wünschte mir schon immer einen Bernersennenhund, da sie wundervolle Familienhunde sind. Mit dieser Wahl waren alle anderen auch einverstanden und versicherten; Hauptsache wir haben einen Hund!

Nun ging alles auch ziemlich schnell, einen Züchter ausfindig zu machen und hatten schließlich in kürzester Zeit auch schon einen Abholtermin. Die Freude war so groß, vorallem bei den Kindern, dass wir beschlossen, gemeinsam den Bernersenn in München abzuholen.

Auf der Hinfahrt suchten wir als Erstes einmal alle nach einem schönen Namen für sie, denn es war ein Weibchen, doch wir konnten uns nicht wirklich entscheiden.

Als wir ankamen, stellte man uns Jenny vor, die die letzte aus ihrem Wurf war. Als man uns sagte, dass ihr Geburtsname Jenny wäre, waren wir alle sofort happy, und es blieb von nun an Jenny. Die stürmische Begrüßung war im wahrsten Sinne umwerfend, denn sie rannte uns förmlich um. Sie bekam sich vor Freude kaum noch ein, als ob sie wusste, dass sie ab jetzt zur Familie gehört.

Die ersten Wochen im neuen Zuhause, liefen fast ähnlich temperamentvoll ab, bis sie nun die neuen Regeln in ihrem neuen zu Hause akzeptierte und vorallem stubenrein war. Es machte einfach nur Spaß, zu erkennen, wie intelligent Jenny war, da sie sehr schnell dazulernte.

Doch die Freude hielt nur zwei bis drei Monate an. Unsere Jenny bekam mit ca. fünf, sechs Monaten ständig einen quälenden Juckreiz. Sie kratzte sich förmlich das Fell vom Leib. Selbstverständlich untersuchten wir sie auf irgendwelches Ungeziefer, aber wir konnten nichts finden. Ich probierte von Hundeshampoo, sämtliche Ungeziefermittel, bis hin zu Alternativmedizin alles Mögliche, aber nichts half. Ratschläge und Tipps von Hundefreunden waren ebenfalls vergebliche Mühen. Inzwischen nahm diese Krankheit solche Ausmaße an, dass sie an vielen Stellen bis über den Schwanz ihr Fell verlor. Die kahlen Stellen wurden wund und stanken teilweise schon. Traurig fanden wir auch, da sie in diesem Alter in ihrer Prägungsphase war, das heißt, wo Hunde bei einer Begegnung mit anderen Hunden voneinander lernen sich unterzuordnen oder miteinander zu spielen, dass uns nun alle Hundefreunde aus dem Weg gingen. Sie hatten verständlicher Weise Angst, dass sich ihre Hunde womöglich anstecken könnten, da niemand wusste, was sie hatte.

In meiner Verzweiflung, unserer armen Jenny nicht helfen zu können, fing ich wie immer an zu beten, sowie die ganze Familie, da wir sie alle in unser

Herz geschlossen hatten und deshalb behalten woll-
ten. Ich suchte so einige Tierärzte auf, oder erklärte
telefonisch diesen Fall, die aber alle ebenfalls keine
treffende Diagnose dieser Krankheit diagnostizieren
konnten. Einige Ärzte, die sie sahen, empfahlen mir,
ihr eine erlösende Spritze zu geben, da sie sich nur
quält und eh sterben würde. Ich gab nicht auf und
vertraute so sehr auf Gott, hier doch noch Hilfe zu
bekommen. Und diese kam dann auch prompt!

Der letzte Tierarzt, dem ich den Fall telefonisch
schilderte, bat mich mit Jenny sofort vorbei zu
kommen. Er sah sich dieses kleine Bündel entsetzt
an und vermutete sofort die Demotexmilbe. Es gibt
hunderte von Milben, die meist äußerlich sitzen,
doch diese Demotexmilbe sitzt unter der Haut und
wird durch die Mutter beim Säugen auf die Welpen
übertragen und bricht irgendwann früher oder später einmal bei den Nachkömmlingen aus. Er ent-
schied schließlich, da sie schon vom Tod geweiht
wäre, wären hier keine weiteren Untersuchungen
nötig, so wie zum Beispiel ein Hautgeschabsel oder

eine Biopsie. Sie bekam daraufhin sofort eine Spritze gegen diese Demotexmilbe, mit der Aussage, „entweder schafft sie damit zu überleben oder sie stirbt!" Und sie schaffte es natürlich! Sie erholte sich in kurzer Zeit zusehends so gut, und sah mit ihrem schönen, neuen und glänzenden Fell bald wie ein Vorzeigehund aus.

Nicht nur die ganze Familie war wieder sehr glücklich, auch die Hundefreunde, kamen nicht aus dem Staunen, wie so etwas möglich sein konnte, da sie von den meisten schon aufgegeben wurde.

Nach meiner Erfahrung ist so etwas nur durch Gottes Hilfe möglich, dem wir auch hier wieder sehr dankbar waren.

Diese Geschichte ist aber immer noch nicht zu Ende, denn das Überleben unserer Jenny hatte hier wohl noch einen zweifellos, tieferen Sinn gehabt, den ich nachfolgend berichten möchte.

Unsere Jenny

Unsere Jenny verhindert Hausbrand

Nach einigen Jahren, kauften wir uns in dem glei-
chem Ort ein kleines zweistöckiges Doppelhaus in
Hanglage. In der unteren Etage spielte sich das Fa-
milienleben ab und in der oberen Wohnung hatten
unsere Kinder jeder sein Reich für sich.

Nachdem unser jüngster Sohn inzwischen konfir-
miert wurde, bat er mich eines Tages, doch bitte
seine Kerze, die er als Geschenk in seinem Zimmer
stehen hatte, anzünden zu dürfe. Ich erlaubte es ihm
nur ungern, doch er musste versprechen, sie vor
dem Einschlafen nicht zu vergessen auszumachen.

Damit beruhigte ich mich und wir legten uns alle
später schlafen.

Jenny schlief nachts immer brav mit im Elternschlafzimmer, was sich in der unteren Etage befand.

Nachts gegen 3,30 Uhr weckte mich unser Berner
und war dabei sehr unruhig. Nachdem ich sie
mehrmals vergeblich versuchte zu beruhigen, dass
sie weiter schlafen solle, dachte ich mir nur, wie toll

es doch wiederum ist, wenn sie sich meldet, wenn sie mal gassi gehen muss. Schließlich haben wir sie ja auch so erzogen. Aber trotzdem fand ich es sehr merkwürdig, da sie nachts so gut wie immer durchschläft. Im normalen Fall funktioniert dieser Akt auch ziemlich schnell. Ich mach die Haustür auf, Hund raus, dann gassi, Hund wieder ruck zuck rein, und weiter schlafen! Aber Jenny kam leider nicht ruck zuck zurück. Es regnete in dieser Nacht in Strömen, darum blieb ich in der Haustür stehen und rief sie mehrere Male. Doch kein Zeichen von unserer Jenny.

Also holte ich die Regenjacke und lief durch den Garten, um sie zu suchen. Da sah ich sie vor dem Fester unseres Sohnes und sie schien ungewöhnlich aufgeregt zu sein.

Als ich näher kam, verstand ich ihre Aufregung. Unser Sohn schien schön und ruhig zu schlafen, während an seinem Kopfende die brennende Kerze stand, rundherum einige Bücher, die inzwischen angefangen hatten zu klimmen und dadurch sich so ein Qualm entwickelt hat, dass das ganze Zimmer voller Rauch war. Ich war sofort völlig munter, klopfte in Panik gegen sein Fenster, bis er aufwachte und die Tür aufmachte. Es war, man kann sagen 3 vor 12, also allerhöchste Zeit, dass wir da waren, um die Kerze und die anfangenden, klimmenden Bücher zu löschen.

Ich bin mir heute nicht mehr so sicher, ob unsere Jenny mich überhaupt wegen Gassi gehen aufge-weckt hat ,oder ob es einfach nur ihr siebter Sinn war, den Tiere sehr oft haben, wenn Gefahr droht. Es wäre hier kein Einzelfall.

Eines ist in dieser Geschichte aber sehr sicher: Wenn sie mich nicht geweckt hätte, wäre unser Sohn erst einmal durch die Rauchvergiftung ohn-mächtig geworden, es wäre nicht nur sein Zimmer abgebrannt, sondern die ganze obere Etage, wo die anderen beiden Kinder ebenfalls schliefen. Ehe wir in der unteren Etage im Schlaf etwas bemerkt hät-ten, wäre womöglich alles schon zu spät gewesen.

Aber Gott sei es gedankt, dass er uns unsere Jenny gelassen hat, als sie Jahre zuvor noch vom Tod geweiht war, und der wir ebenfalls heute noch dankbar sind, wie sie unser Haus und vorallem die Familie vor einem Brand gerettet hat.

Wir hoffen, Gott hat sie heute bei sich, in einem wunderschönen Hundehimmel!

Jenny rettet Haus und Familie vor Brand

Spontanheilung nach Unfall

Mit den Kindern eines ehemaligen, abgelegenen Nachbarbauernhofes, entwickelte sich eine schöne Freundschaft mit den Unseren.

Sie gingen nicht nur zusammen in die Schule, sondern verbrachten auch ihre Freizeit so oft es ging gemeinsam. Bei schönem Wetter boten sich viele Möglichkeiten die gemeinsame Zeit in der Natur zu verbringen, baden gehen oder Versteck spielen und vieles mehr.

Für uns als Eltern war es ein beruhigendes Gefühl zu wissen, dass sie dort gut aufgehoben sind.

Doch nirgends ist man gefeit vor Unglücksfällen.

Der Bauernhof wurde von den Eigentümern aufgelöst und man machte sich selbstständig mit einer eigenen Spenglerei. Es wurde nun viel umgebaut und umdisponiert zu einem schönen Grundstück für diese Familie.

So wurde auch die ehemalige Güllegrube in einen fantastischen Pool verwandelt.

Eines Tages aber bekam ich einen erschreckenden Anruf von der Mutter dieser Nachbarkinder. Unser jüngster Sohn hätte einen Unfall und könnte sich kaum noch vor Schmerzen bewegen. Wir fuhren schnellstens in Sorge zu ihnen, um ihn nach Hause zu holen.

Beim Versteck spielen, übersah er über einer Baugrube ein loses Brett, über das er gehen wollte, und fiel 2-3 Meter in die Tiefe. Wir nahmen ihn vor Schmerzen schreiend mit nach Hause und riefen sofort den Notarzt, der auch kurze Zeit später eintraf. Es war für den Arzt fast unmöglich ihn zu untersuchen, da sich das Kind kaum bewegen konnte. Er wurde daraufhin sofort in ein Krankenhaus eingewiesen, unter Verdacht einer schweren Gehirnerschütterung, sowie Wirbelsäulenfraktur. Selbstverständlich begleitete ich unseren Jungen bei allen nun fälligen Untersuchungen. Der Verdacht auf Wirbelsäulenfraktur, ließ meinen Verstand an seine äußersten Grenzen kommen. Als er zur Röntgenuntersuchung war, lief ich im Flur aufgeregt auf und ab und betete nur noch, dass ihm eine Wirbelsäulen-fraktur erspart bliebe.

Endlich kam nun die erlösende Nachricht. Laut Untersuchungen, konnten keinerlei Brüche festgestellt werden! Halleluja, dachte ich!!! Doch er müsse unbedingt in nächster Zeit stationär beobachtet werden, da er starke Prellungen an Wirbelsäule, Rippen usw. hatte, sowie eine Gehirnerschütterung.

Er blieb jetzt erst einmal im Krankenhaus und ich besuchte ihn täglich. Er konnte sich weder seitlich drehen, noch in einer anderen Weise bewegen und weinte aus diesem Grund sehr viel. Er klagte auch über starke Schmerzen am linken Handgelenk, was er der Stationsschwester ebenfalls mitteilte, jedoch niemand etwas dagegen unternahm. Als ich die Stationsschwester auf das schmerzende Handgelenk meines Sohnes ansprach, ob man das schon mal geröntgt hätte, bekam ich eine unfreundliche Antwort, mit den Worten: „Wir tun schon alles, was wir können!" Ich suchte sofort den Stationsarzt auf, und bestand auf eine sofortige Röntgenaufnahme des Handgelenkes.

Daraufhin leitete man alles dafür in die Wege, und die Diagnose der Röntgenaufnahme diagnostizierte einen glatten Bruch des Handgelenkes. Mit diesem Bruch lag also unser Sohn zwei Tage im Krankenhaus, mit Weinen und Wimmern, ohne seinen Klagen Gehör zu schenken.

Aus diesem Grund bat ich nur noch um einen nötigen Gips für das Handgelenk und nahm ihn auf eigene Verantwortung mit nach Hause.

Zu Hause richtete ich ihm so gut wie möglich ein Lager her, wo er schmerzfrei liegen sollte, doch nichts war ihm vor Schmerzen recht.

Mich überkam nun aber doch etwas Angst vor der ersten Nacht, durch diese massiven Schmerzen, die er immer noch verspürte.

Ich blies ihm eine Luftmatratze auf, um es ihm so bequem wie möglich zu machen. Am Anfang schlief der Junge noch ruhig ein, doch mitten in der Nacht, als die ganze Familie ebenfalls eingeschlafen war, fing er an vor Schmerzen zu schreien. Ich versuchte, ihn zu beruhigen und fragte, wo der Schmerz am Schlimmsten wäre, doch er antwortete nicht auf meine Frage, sondern schrie immer zu. Ich nahm ihn kurzerhand aus dem Bett, legte meine Hände auf ihn und betete. Wir liefen fast eine viertel Stunde im Schlafzimmer auf und ab und ich bat Im Namen Jesu unseren Herrgott um Hilfe.

Plötzlich hörte er auf zu weinen, wurde ganz still und sagte, er möchte jetzt nur noch schlafen. Er legte sich ins Bett und schlief fest bis zum Morgen. Am nächsten Morgen stand er auf und erklärte mir, dass er keinerlei Schmerzen mehr verspüren würde und nach dem Frühstück dann spielen wollte. Wir konnten es immer noch nicht glauben, was hier geschehen ist.

Da man von einer unausgeheilten Gehirnerschütterung Spätschäden davontragen kann, bestand ich darauf, dass er eine Woche noch ruhen müsse, um sicher zu gehen, dass alles gut ausheilt. Er ließ sich auf den Deal ein und verspürte auch die darauffolgenden Tage weiterhin keinerlei Schmerzen mehr.

Für uns war dies eine Spontanheilung innerhalb einer viertel Stunde, wo hier durch den felsenfesten und unerschütterlichen Glauben auf Gottes Hilfe, Heilenergien übertragen wurden.

Lukas: 8,48....siehe dein Glaube hat dir geholfen....

Heilung von verletzter Pfote

Als ich vor einigen Jahren nach einem Kurzurlaub wieder nach Hause kam, sprang mir wie immer als erste Begrüßung unsere Bernersennenhündin entgegen. Das heißt, dieses Mal schaffte sie es nur fast bis zur Haustür, da sie auf der freitragenden Treppe im Haus, auf der vorletzten Stufe so sehr ausrutschte und sich dabei ihre Vorderpfote heftig verletzte, dass sie vor Schmerzen aufheulte.

Mein Empfang war nun erst einmal alles andere als freundlich, denn die Hündin konnte absolut nicht mehr laufen und blieb so an der Eingangstür liegen. Da wir sie nicht zum Aufstehen bewegen konnten, trugen mein Mann und ich sie in die Wohnstube, wo ich als Nächstes versuchte die Ursache ihrer Schmerzen möglichst zu ergründen. Ihre rechte Vorderpfote war angeschwollen und auch bei jeder Berührung schien es für sie sehr schmerzhaft zu sein.

Natürlich trösteten und beruhigten wir sie so gut es ging, boten ihr zwischendurch Wasser und Futter an, was sie aber alles abwehrte.

Wenn unsere Jenny nicht fressen wollte, dann war es wirklich ernst mit ihr, denn sie war keines Weges ein Kostverächter für alles Essbare, was sich ihr bot. Schließlich bekam sie kurz darauf auch noch einen heftigen Schüttelfrost, so dass die ganze Familie voll Angst und Sorge war. Leider konnten wir Sonntagabend auch keinen Tierarzt mehr erreichen.

Ich machte sofort Pläne für den nächsten Morgen, um schnellstens mit ihr zum Tierarzt zu kommen.

Somit ist der übliche Morgenspaziergang, wie der Fall den Anschein hatte, wohl definitiv gestrichen, sowie auch für die nächste Zeit. So dachte ich jedenfalls!

Es hatte für uns den Anschein, dass die Vorderpfote gebrochen ist oder zumindest stark verstaucht. Aber das könnte man ja bei einer Röntgenuntersuchung dann sicher genauer feststellen.

Da unsere Bernersennenhündin nachts immer mit im Elternschlafzimmer schlief, fanden wir es ratsam, um ihr nicht noch weitere Strapazen zuzumuten, dass wir ihr ein Schlaflager in der Wohnstube machen und für mich selbst natürlich ebenfalls, da ich sie in diesem Zustand auf keinen Fall allein gelassen hätte.

Selbstverständlich verarztete ich unsere Jenny erst einmal mit meinen üblichen Schwedenkräutern, die in unserer Hausapotheke nie fehlen dürfen, kühlte die Pfote mit Umschlägen und vorallem betete ich über ihr.

Ich weiß nicht mehr wie lange ich für sie gebetet hatte, doch als sie so ziemlich ruhig wurde, wollte auch ich mich endlich auf meiner Couch zum Schlafen legen. Als ich das Licht ausmachen wollte, traute ich meinen Augen nicht. Unsere Jenny stand wieder zum ersten Mal auf, wenn auch noch etwas wackelig, und lief noch leicht hinkend prompt in unser Schlafzimmer und legte sich auf ihr gewohntes Schlaflager.

Sie schlief die ganze Nacht schön durch und ich durfte dadurch nun ebenfalls die Nacht in meinem Bett verbringen.

Zu unser aller Erstaunen stand sie am nächsten Morgen auf, als wenn kaum etwas an der Pfote war. Sie hinkte nur ganz dezent, so dass wir einen Tierarztbesuch nicht mehr für nötig hielten, sondern dafür schon wieder einen kleine Spaziergang wagten. Auch ihr Futter schien wieder äußerst lecker zu sein!

Die darauf folgenden Tage konnten wir kaum noch eine Verletzung an unserer Bernersennenhündin feststellen.

Selbstverständlich dankten wir wie immer im Namen Jesu Christi unserem Herrgott für diese Gebetsheilung an einem unserer Familienmitglieder, denn für uns war auch diese schnelle Genesung keine Selbstverständlichkeit.

Kräuter statt Medikamentenkonsum

In all den Jahren war überwiegender Medikamen-
tenkonsum ein Tabu-Thema in unserer Familie. Diese kamen nur in sehr seltenen Fällen in Betracht.
Überwiegend wurde mit verschiedenen Kräutern
behandelt, die für jede Krankheit aus der Apotheke
Gottes zur Verfügung stehen, sowie in Kombination
mit Gebet.

Auch hierfür gibt es ausreichend Lektüre, wie zum
Beispiel das Kräuterbuch von Maria Treben, was
mir stehts immer ein hilfreicher und guter Begleiter
ist. Seit vielen Jahren setze ich den berühmten
Schwedenkräuter selbst an, der aus meiner Hausapotheke nicht mehr weg zu denken ist. Vermutlich
stammt diese Rezeptur von dem Arzt Paracelsus aus
dem 16. Jahrhundert und wurde im 18. Jahrhundert
von den schwedischen Medizinern Dr. Klaus Samst
und Dr. Urban Hjärne neu entdeckt.

Auch die österreichische Heilkundige Maria Treben
entdeckte es neu und veröffentlichte es in ihren

zahlreichen Kräuterbüchern. Diese Schwedenkräutertinktur hat schon sehr vielen Menschen geholfen, ersetzt jedoch bei ernsthaften Krankheiten keinen Arztbesuch.

Man kann sie bei fast allen Krankheiten innerlich, sowie als Umschläge äußerlich, anwenden.

Bei einem Kreuzbandriss vor vielen Jahren, den man mir natürlich operieren wollte, halfen mir diese Schwedenkräuterumschläge, die ich Tag und Nacht ein viertel Jahr lang machte, hervorragend. Das Kreuzband ist zwar immer noch kaputt, aber ich bin heute noch schmerzfrei und außerdem ist das Knie voll funktionstüchtig. Dasselbe kann ich berichten von einem Schlüsselbeinbruch mit gleichzeitigen Bänderrissen an derselben Schulter, was ich mir einige Jahre später durch einen Sturz zuzog. Auch da halfen mir wieder ohne eine Operation meine Schwedenkräuterumschläge.

Es gab in meiner Familie noch einige Fälle, wo Dank der Kräuter und Gebete der Operationstisch erspart geblieben ist.

So erinnere ich mich auch, an eine heftig, vereiterte Mandelentzündung, wo mir schon der Appetit verging, wenn ich nur an das Schlucken dachte. Als ich schließlich den Arzt aufsuchen musste, da ich keinesfalls mit dieser Erkältung zur Arbeit konnte, bestätigte er mir diese Diagnose. Nach seiner Feststellung waren meine Mandeln so vereitert, dass er mir sofort Antibiotika verschrieb und mir promt gleich für zwei Wochen einen Krankmeldung ausstellte.

Ich fuhr anschließend nach Hause und kochte als erstes einen Salbeitee, mit dem ich ausschließlich gurgelte. Nach zwei Tagen war der eitrige Belag ab und die restliche Entzündung heilte gleichzeitig mit aus. Am dritten Tag trank ich dann nur noch diesen Tee und am vierten ging ich wieder zur Arbeit. Und diese Heilung geschah in kürzester Zeit und ganz ohne Antibiotika. Man kann bei sehr vielen Krankheiten sich anfangs selbst auf natürliche Weise durch Kräuter helfen, ohne ständig sofort zu Medikamenten mit ihren erheblichen Nebenwirkungen zu greifen.

Manche Menschen nehmen bei den kleinsten Weh-wehchen sofort Tabletten und merken nicht, wie sie die Krankheit nur betäuben oder es gar zur Sucht wird, anstatt ihr an die Wurzeln zu gehen, um sie auszuheilen.

Es reicht oft schon ein wenig Glaube; Matthäus 17;20 "wenn Ihr Glauben habt wie ein Senfkorn", und dazu die passenden Kräuter.

Man kann´s ja mal probieren!

Der größte Schwachsinn ist auch heute in dieser hochmodernen Zivilisation, dass man Kranken in Krankenhäusern einen Fernseher ans Bett stellt.

Jede Krankheit symbolisiert uns eigentlich etwas. Sie will uns etwas sagen, wo es so nicht weiter geht. So zum Beispiel ein einfacher Schnupfen uns sagen will - ich hab die Nase voll. Jetzt sollte der Kranke überlegen, von was er derzeit die Nase voll hat. Oder jemand hat Halsschmerzen und kann nicht mehr schlucken. Was kann er also nicht mehr schlu-cken? Ist er überarbeitet oder hat er zu viel Stress? Oder jemand hat einen Arm- oder Beinbruch. Wo ist gerade etwas gebrochen - eine Beziehung, eine Arbeitsstelle usw.? Oder jemand hat ständig Schulterschmerzen. Wo kann er nicht mehr so viel auf seinen Schultern tragen? Die Familie, die Arbeit usw.?

Aber auch da gibt es wieder ausreichend Lektüre für den Interessierten oder oft hilft hier schon die eigene Intuition, um die Ursache seiner Krankheit zu ergründen.

Auf keinen Fall helfen hier die Fernseher in den Krankenhäusern dabei. Der Kranke sollte viel lieber einmal in sich gehen und zur Ruhe kommen.

Schlusswort

Diese kleinen niedergeschriebenen Geschichten, ereigneten sich wahrheitsgemäß über viele Jahre seit meiner Kindheit bis zum heutigen Tage. Natürlich gäbe es noch Einige mehr zu erzählen, doch dies soll für das kleine Buch genügen.

Es gab in meinem Leben so viele wunderbare Erfahrungen und Gebetserhörungen durch Jesus Christus und den Glauben an IHN, so dass es mir ein Bedürfnis war Einige davon aus Dankbarkeit zu veröffentlichen, um den Kleingläubigen, Zweiflern oder Atheisten in dieser Welt etwas Mut zu machen, dass es ganz sicher mehr zwischen Himmel und Erde gibt als nur die bekannten Schulweisheiten.

Der Atheist sagt „ich glaube nur, was ich sehe," und Jesus sagt in Johannes 20: 29, „glückselig sind, die nicht sehen und doch glauben!" Und ich durfte oft glückselig sein!

Eine Tatsache, die wissenschaftlich belegt ist, sagt;

- dass Jesus der größte Mann der Geschichte war,

- er hatte keine Diener, doch man nannte ihn Meister,

- er hatte kein Diplom, doch sie nannten ihn Lehrer,

- er hatte keine Medikamente, doch man nannte ihn Heiler,

- er hatte keine Armee, doch Könige fürchteten ihn,

- er gewann keine militärischen Schlachten, doch er eroberte die Welt,

- er beging keine Verbrechen, doch man kreuzigte ihn,

- er wurde begraben, doch lebt er heute noch!

Und das sagt wohl alles!

Es gab bisher weder vor Jesus seiner Zeit, sowie danach kaum einen Mensch auf diesem Planet, dessen Worte sich so wahrheitsmäßig in die Praxis übertragen lassen.

Sehr Erwähnenswert wären hier auch die Worte an seine Jünger, sowie alle seine Nachfolger: „Gehet hin, predigt das Evangelium, legt die Hände auf und treibt böse Geister aus!"

- Damit ist gemeint; Wenn das Evangelium in aller Welt, unter allen Menschen verbreitet würde, so wie es Jesus gepredigt und vorgelebt hat, könnten viele Menschen sich selbst oft bei Krankheit, sowie allerlei Problemen selbst und seinen Nächsten helfen oder besser gesagt, es gäbe gar nicht erst so viele

Probleme, Missgunst, Neid, Machtgier oder Kriege usw.!

Jesus wollte, dass einfach alle Menschen von der frohen Botschaft erfahren.

- Legt die Hände auf; In dem Wort „Behandlung" liegt das Wort Hand schon drin und hat somit eine tiefere Bedeutung. Oft greifen wir viel zu schnell zu Medikamenten, was Beschwerden oft nur vorrübergehend betäubt oder nachweislich sogar Nebenwirkungen auslösen kann. Dabei könnten wir unseren Arzneimittelverbrauch wesentlich einschränken.

Durch das Hände-Auflegen übertragen wir eine Heilenergie, die wohltuend, sowie heilend, natürlich in Kombination des Glaubens wirkt.

Wenn zum Beispiel ein kleines Kind auf seine Knie fällt, kommt die Mutter und legt schon ganz automatisch ihre Hände auf, mit den beruhigenden Worten; „es wird schon alles wieder gut!" So ist es auch bei vielen Krankheiten möglich, wodurch oft unnötige Operationen erspart bleiben würden.

Selbstverständlich soll jetzt nicht der Anschein erweckt werden, dass Ärzte nun überflüssig sind. Ganz im Gegenteil, da diese Behandlungsmethoden des Handauflegens wohl eher in erster Linie der Job des Arztes wäre, ehe er oft zu schnell mit schärferen Geschützen auffährt, zum Beispiel mit unnötigen Medikamente oder Operationen! Es steht außer Zweifel, dass in speziellen Fällen eine Heilung ohne Operation wiederum nicht möglich ist.

- Und treibt böse Geiser aus; Dieses Gebiet, was unter die Geisteswissenschaft zählt, kann man natürlich hier in diesem kleinen Buch nicht in zwei Absätzen beschreiben, da es sehr umfangreich ist. Ich werde mich daher so kurz und präzise fassen wie möglich, so dass es jeder Leser sinnbildlich verstehen könnte.

Jesus hat zu seiner Zeit sehr oft böse Geister ausgetrieben, die die Menschen krank oder sogar besessen gemacht haben. Bei dem Letzteren war die Person nicht mehr sie selbst, sondern dieser Geist hat hier völlig Besitz von ihm genommen und durch ihn gewirkt. Daher kommt auch hier und da oft die Aussage „er oder sie waren nicht mehr sie selbst!" Leider ist da auch in der heutigen Zeit sehr viel Wahrheit dran.

Oder manche Geister setzen sich in die Aura (das Magnetfeld um den Menschen) und saugen wie Vampire seine Lebenskraft (Od) ab. Dadurch wird dieser Mensch schwächer und schwächer, bis er schließlich krank wird.

Woher kommen nun diese Geister? Nun, wie in der Einführung schon erwähnt, hat jeder Mensch hier auf Erden sich eine Aufgabe vorgenommen. Unser wahres Zuhause von Ewigkeit an ist jedoch ursprünglich im Jenseits. Jeder Mensch der hier auf Erden stirbt, legt sozusagen nur seinen physischen Körper ab. Da aber ein jeder Mensch noch weitere Körper hat, so wie den Astral- oder Kausalkörper usw. geht nun die unsterbliche Seele damit wieder in seine ursprünglich-, jenseitige Heimat zurück. Nicht alle erfüllen aber ihren Job hier auf Erden oder sie sind erdgebunden, weshalb viele davon in der jenseitigen Zwischenwelt verweilen. Meist sind es Atheisten, die nicht an ein Leben nach dem Tod geglaubt haben und nun umherirren. Es gibt da nun gute, sowie nicht so nette Seelen, so wie ihre Jenseitsstufe schon auf Erden war, die sich an die noch lebenden Menschen hier klammern. Es gibt also sehr viele unterschiedliche Möglichkeiten, warum so eine Seele nicht zurückgeht, worauf ich hier nicht weiter eingehen kann, da dieses Gebiet ein separates und zu weit umfassendes Thema ist.

Ich hoffe, dass dieses kleine Buch den interessierten Leser etwas anregen konnte, seinen eigenen Glauben in der Zukunft für sich und seinen Nächsten erfolgreich einzusetzen.

Der Skeptiker möge aber bedenken, dass man zum Beispiel Strom, Röntgenstrahlen, WLan usw. auch nicht sehen kann, aber trotzdem spürbare Auswirkungen hat, wenn man es benutzt. Passend zu diesem Thema, hier nun noch ein sehr schönes Gedicht von

Matthias Claudius.

Seht ihr den Mond dort stehen?
Er ist nur halb zu sehen
und ist doch rund und schön!
So sind wohl manche Sachen,
die wir getrost belachen,
weil unsre Augen sie nicht sehn.

Ein Traum

Könnt` es doch etwas Schöneres geben,

als in einer Welt zu leben,

wo jeder seinen Nächsten liebt

und darum auch nur Frieden gibt?

Ob Mensch, ob Pflanze oder Tier,

jeder achtet jeden hier!

Da gibt es weder arm noch reich,

da sind sich alle engelhaft gleich.

Selbst die Natur so klar und rein,

wie nicht der Himmel kann herrlicher sein.

Ja diese wunderbaren Gaben,

könnten auch wir auf Erden haben!

Eines brauchten wir nur zu achten,

die 10 Gebote, die GOTT uns machte!

Und glaubst du nicht daran, so fest wie ein Baum,

wird immer nur bleiben

dies alles ein Traum!

Mit meinem eigenen Gedicht, "Ein Traum", möchte ich meine weltanschauungsmäßige Glaubenseinstellung ausdrücken.

Nachtrag zum Gedicht

Wer den Sinn dieses kleinen Gedichtes erkennt, würde auch sicherlich meine Meinung teilen, dass die vcielen hunderte von Gesetzen und Paragraphen, die wir auf dieser Welt haben, so gut wie alle überflüssig wären. Wenn jeder Mensch die 10 Gebote beachten würde, könnten wir einen Weltfrieden haben. Es gäbe keine oberen oder unteren Schichten, denn was unser Planet an Nahrung bietet, würde sicher für alle reichen. Jeder braucht jeden und alles im Universum ist miteinander verbunden.

Das wichtigste Gebot wären hier natürlich das Erste Gebot: „Ich bin der Herr dein Gott! Du sollst keine anderen Götter haben neben mir!"

Damit ist gemeint: „dass wir nicht irgendein Wesen in diesem sichtbaren oder unsichtbaren Universum vergöttern und anbeten sollen, wie zum Beispiel Politiker, Schauspieler, Fußballer, Heiler, Astrologen, falsche Propheten oder sogar irgendwelche Geister aus der geistigen Welt usw.!"

Die Kette ließe sich hier noch endlos fortführen, was die Menschheit heute meint anbeten zu müssen. Die Ehre gilt einzig und allein dem Vater, dem Sohn und dem Heiligen Geist!

Zu diesem ersten Gebot fügt uns Jesus ergänzend dazu: „Du sollst deinen Nächsten lieben, wie dich selbst!" Wenn also jeder Mensch seinen Nächsten so behandeln würde, wie er selbst behandelt werden möchte, würde es mit Sicherheit keinerlei Leid mehr auf dieser Welt geben. Dieses müsste schon im Elternhaus, im Kindergarten und Schulen gepredigt werden. Die übrigen Gebote ergeben sich dadurch schon fast von selbst!

Der Mensch versündigt sich durch seine Machtgier an sich selbst, an der Pflanzenwelt und vorallem an den Tieren.

Tiere haben wie wir einen Geist und eine Seele. Sie fühlen genau wie wir und sind doch als unsere jüngeren Geschwister zu behandeln. Laut Bibel sollen wir sie uns als unsere Untertanen behandeln, das heißt aber nicht sie in Massenzucht zu züchten und ihnen ein qualvolles Leben zu bescheren, bis sie irgendwo als Billigfleisch auf einem Grill landen.

Siehe Sprüche 12:10 „Der Gerechte erbarmt sich seines Viehs, aber das Herz der Gottlosen ist unbarmherzig.

Zu diesem Thema wäre explizit noch zu erwähnen, dass der Mensch anatomisch seit Urzeiten ein Früchte- und Pflanzenesser ist. Seine Zähne, Speichel, Kiefer, Magen, Darm, Leber, usw. unterscheiden sich wesentlich vom Fleischesser, was nachweislich einige Naturforscher belegen können.

Nachzulesen bei:

https://www.regenbogenkreis.de/blog/inspiration
/der-mensch-ist-anatomisch-kein-fleischfresser

Natürlich muss diese Entscheidung, sich auf seinen wahren Ursprung seit Urzeiten zu besinnen, jeder Mensch für sich selbst treffen.

Das sich die unnötigen Qualen und das Leid der Tiere irgendwann einmal am Menschen, der sich daran vergeht rächt, kann man auch als das bekannte Karma bezeichnen. Dazu möchte ich hier noch eine kleine Geschichte aus Pfarrer Boltes Heilerzeit erzählen, die er mir einmal persönlich berichtete.

Kleine Geschichte von Pfarrer Bolte

Es kam ein vom Tode geweihter Mann zum Pfarrer, den die Ärzte laut Medizinberichte austherapiert hatten. Man konnte nichts mehr für ihn tun und seine Lebenszeit sei nur noch begrenzt.

Nach gründlichen Untersuchungen von Seiten des Pfarrers, gab es wohl doch noch einen Hoffnungsschimmer für ihn. Durch ein intensives Gespräch mit dem Totkranken über seine Lebensweise, kam zur Sprache, dass der Mann ein Hühner-KZ zu Hause betreibe.

Der Pfarrer empfahl ihm nun nach Hause zu gehen und sein Hühner-KZ schnellstens aufzulösen, um sich dieser schweren Schuld an den unschuldigen Tieren zu entledigen.

Nach Monaten besuchte dieser Mann den Pfarrer erneut und bedankte sich, da er zum Erstaunen der Ärzte, die ihn schon aufgegeben hatten, wieder sichtbar genesen war.

Man könnte das Wort „Karma" auch mit den letzten Worten von Jesus am Kreuz vergleichen! Lukas 23; 34" Vater, vergib ihnen, denn sie wissen nicht was sie tun!" Damit ist einfach nur gemeint, „das, was wir anderen Lebewesen antun, ob Mensch oder Tier, kommt wieder auf uns zurück!" Und schon schließt sich der Kreislauf wie oben erwähnt; du sollst deinen Nächsten lieben, wie dich selbst, dazu gehören eben alle Lebewesen, auch die Tiere!

Inhaltsverzeichnis

Literaturverzeichnis

- Pierre Franckh, „Das Gesetz der Resonanz", 2. Auflage, 2009, Koha Verlag
- Die Bibel
- https://www.regenbogenkreis.de/blog/inspira-tion/der-mensch-ist-anatomisch-kein-fleischfresser
- Vertuschter Skandal

  Die kontaminierten Anti-D-Prophylaxe in der DDR 1978/79 und ihre Folgen

  Florian Steger, CarilinWiethoff, Maximilian Schochow

  Mitteldeutscher Verlag ISBN; 978-95462-753-0
- Gesundheit aus der Apotheke Gottes von Maria Treben

  29. Auflage 1986

  Satz, Druck und Verlag Wilhelm Ennsthaler,

  A-4402 Steyr

  ISBN 385-06817-93

Zeitfracht Medien GmbH
Ferdinand-Jühlke-Straße 7
99095 Erfurt, Deutschland
produktsicherheit@kolibri360.de